원창
천재 예술가와

69인

• 원창 천재 예술가와 69인 시서화집은 원창문화예술연구소와 (사)세계문인협회가 공동 기획 · 제작하여 발간하였습니다.
• 이 책의 수익금은 문화예술발전기금으로 사용됩니다.
• 기획 원창문화예술연구소
(사)세계문인협회

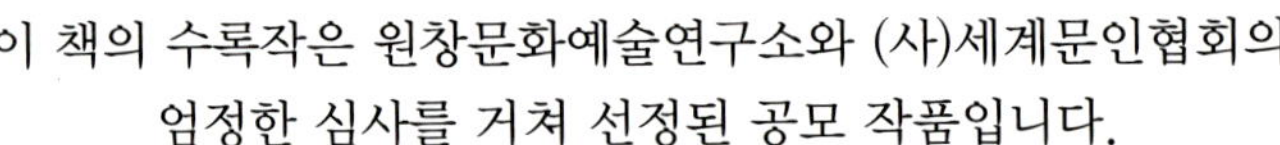

이 책의 수록작은 원창문화예술연구소와 (사)세계문인협회의
엄정한 심사를 거쳐 선정된 공모 작품입니다.

원창 천재 예술가와 여인

원창 이주림 시서화집

도서출판 천우

시(詩)와 글(書)과 그림(畵)의 만남

나는 시를 좋아한다
그래서 많은 시집을 서재에 가득히 채워 놓고 산다

시를 읽다 보면
어느 날은 지상에서 흐르는 시간의 빛을 찾아

넓은 가슴의 세계로 가는 시인을 만나고

또 어느 날은 시인이 가지고 있는
고뇌의 바람과 확장되는 의지의 충만함을 만나서 사랑하게 된다

나도 시를 써보고 싶은 날이 있었다

그럼에도 불구하고 나는

시를 지을 수가 없었다
사의적인 작품만 하는 나로서도
언어의 그림은 어려웠다

시인들의 언어와 가슴 너머의 삶을 사랑하고 존경하기에 시를 자주 읽는다

유난히 더웠던
작년 여름 매미소리를 따라

어느 시집을 펼쳐 들었다가 불현듯 스쳐 지나가는 생각이 있었다
시인들의 시를 나만이 할 수 있는 작품으로 만들어 보면 어떨까?

그날 밤 잠이 오지 않았다
오래전부터 인연이 있었던 천우 출판사에서도 나의 생각에 적극 동참해 주었다

이 작품의 완성까지는 늘 하던 작품보다 다소 시간이 더디었다
요즘 유행하는 캘리그라피와 차별화를 주기 위한 생각이었고
한글의 초성 중성 종성과 종획 횡획 하나하나의 변화를 꾀하며 긴장감을 주었다
눈으로, 가슴으로, 마음으로 연결되는 기쁨을 만났다

이번 시서화 작품은 내 인생의 또 다른 전환점이 될 것으로 생각한다
작품을 하는 동안 가슴에서 신열이 났다
설렘이기도 했고 바람이 하는 기침 같은 소리이기도 했다
작품을 마치며 정호승 님의 『풍경 달다』를 보았다

이 시서화집이 세상에 나오기까지 도와주신 많은 분들께 감사를 드린다

원창문화예술연구소의 조현미 이사님을 비롯한 가족여러분, 바쁜 와중에도 필요한 자료들을 챙겨주신 오연재 박사님, 이정인 작가님, 늘 응원해주는 선배 변남주 교수님, 끝으로 나를 도와주신 (주)블루몽트 기획사 팀원들 (사)세계문인협회, 천우 출판사 이사장님을 비롯하여 임직원 여러분께 감사의 말씀을 드린다

2018년 단풍지절, 관해헌 아침 창가에서 **원창 이주림**

발간사

Kim Chun Woo

천재 예술가 원창 이주림 화백을 주목하다

시 · 서 · 화 삼절의 카타르시스를 이 땅에 뿌리내린 천재예술인 원창 이주림 화백은 이 시대의 감성과 이성 세계를 발칵 뒤집어놓는 세기의 스타임에는 틀림없다. 유년 시절부터 뛰어난 감각이 남달랐던 원창 화백의 거침없는 붓의 현란한 울림은 삼천리 방방곡곡은 물론 우주를 넘나드는 신세계의 주역이다.

2018년을 찬란하게 장식하는『원창 천재예술가와 69인』콜라보는 주목할 만한 가치가 있을 것이다. 원창 화백의 붓끝은 천 · 지 · 인의 뜨거운 에너지를 혼합하여 일구어낸 가치창조의 원초적인 끼의 극치를 표출하는 신의 경지라 하겠다.

원창 화백의 거침없고 압도적인 화폭의 기운은 웅장하면서도 부드럽고 부드러우면서도 힘이 넘친다. 오묘한 선들의 흐름은 시선을 집중시키는 놀라운 형상을 연출하고도 남는다. 이번에 개최되는 69인의 콜라보는 원창 천재예술가의 깊은 내공을 중심으로 최고의 감성 서정시인 69인을 선정하여 풍요로운 가을을 황금빛으로 찬란하게 물들일 것이다.

붓질의 장인이자 낭만가인의 거장이라 불리는 대한민국 시서화의 메카이자 전설의 주인공 원창 이주림 천재예술가의 콜라보는 문화예술계는 물론 대중 속으로 드라마틱한 메커니즘의 중추적인 역할을 할 것이라 믿어 의심치 않는다.

이번 초대전에는 69점의 시서화를 선보이며 원창만의 독특한 화풍의 절창이 전국 방방곡곡 예술의 극치가 무엇인지를 선보일 것이며 지금까지 그 누구도 흉내 낼 수 없는 화단, 시단 예술계의 거장으로 우뚝 설 것이다.

원창 화백은 이미 성공궤도에 오른 천재예술인으로 자리매김을 하였지만 독야청청의 불타는 예술혼으로 일구어낸 유지경성의 대동단결이 크게 하나로 펼치는 69인의 콜라보! 원창 화백의 작품세계와 명시와의 혼연일치는 자유로우면서도 창조적인 작품의 정수는 간결미와 소소밀밀의 동양적인 미학은 정신일도하사불성이라, 이 시대의 슬로건에 가장 적절하고 현대미술의 기폭제가 되고도 남을 만큼 민족고유의 얼을 위대한 예술인으로 길이길이 남을 것이다.

김천우 시인 · 평론가 · (사)세계문인협회 이사장

contents

contents

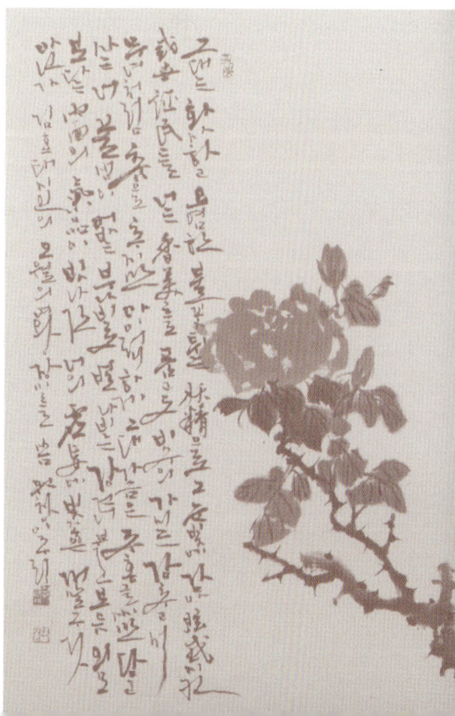

contents

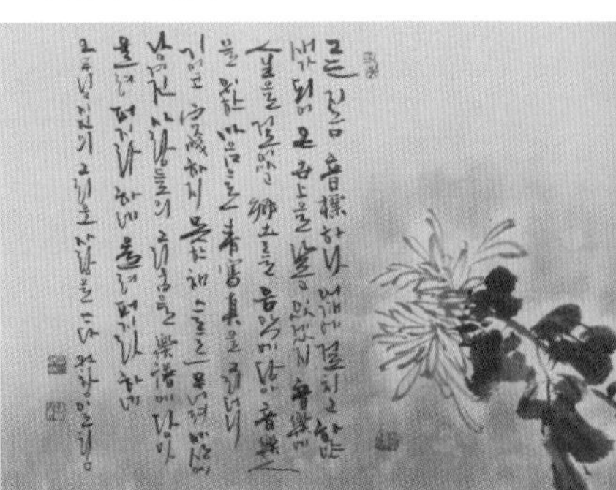

contents

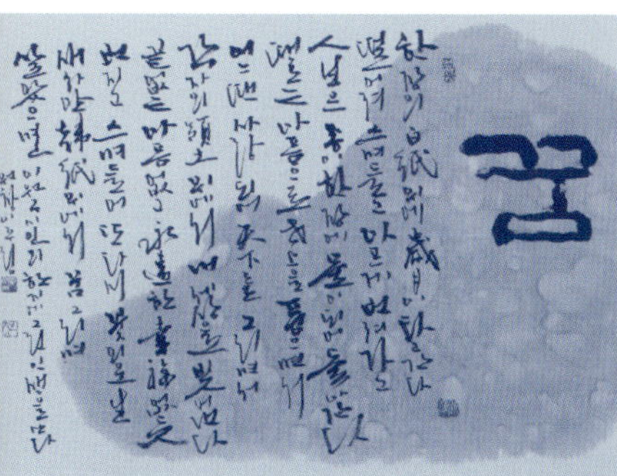

천재 예술가와

69인

>>>

산사의 꽃

柳河 강남호

비구(比丘)의 가사(袈裟) 펄럭이는
산사의 향(香) 속으로
자연스럽게 받아들임의 업보(業報)를 짊어지고
이루어질 수 없는 사랑으로
임은 산사의 꽃이 되렵니다
밤새워 범경(梵經)을 마주하며
온몸에 맺힌 이슬은
붉은 눈물의 절규(絕叫)가 되고
만나지 못할 심장은 꽃잎을 따라 흘러내리어
한순간 한순간이라도 놓칠 수 없는
번뇌의 늪에서 헤어 나올
푸른 이파리를 잊지 못하고
떨어진 꽃잎 안아 품어서
이루지 못할 사랑이라고
흐느껴 울며 돌아서는 찬바람이 못내 미워도
가느다란 맵시에 붙은 옷깃이 바위에 닳을 적에
별처럼 사라지지 않은
그대 연정(戀情) 가득 품어 맺힌 꽃잎으로
바람에 날리어 고개 숙이어
임 앞에 서 있을 상사화(相思花)이렵니다

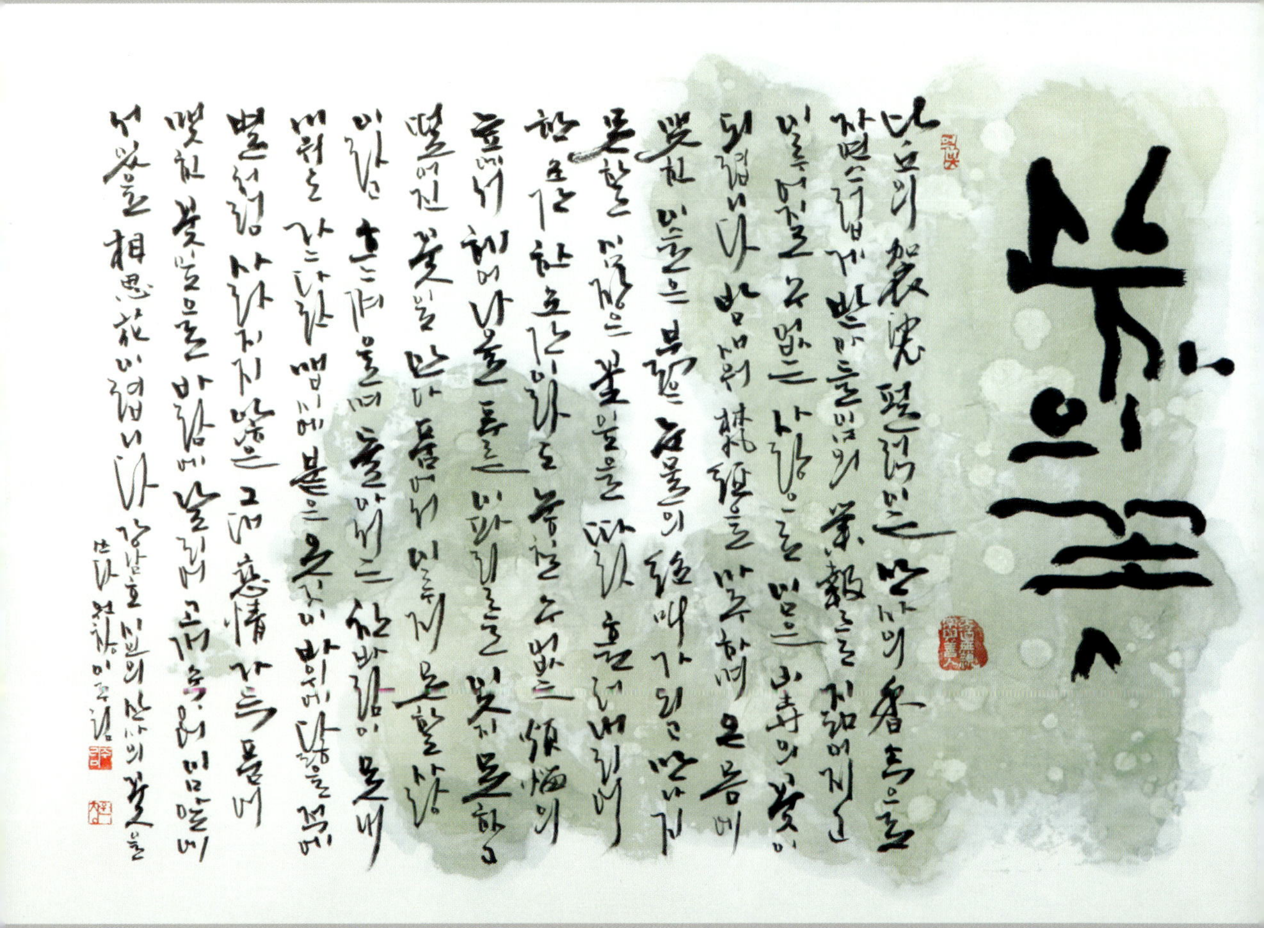

by **Lee Ju Reem** | 산사의 꽃 70×50

>>>

하늘에서 바라보는 대지

강석진

비행기를 타고
하늘에서 내려다보는
저 넓은 대지
산비탈 밭과
무논 사이를 흐르는 시냇물
옹기종기 모여 있는 시골 마을
마을로 가는 시골 들판 길
넓은 들판과
마을들을 지나
푸른 숲으로 덮인 산 위를 날고 있다
아직도 가보지 못한
미지의 세계를 내려다보고 있다
내 평생 언젠가
찾아갈 수 있을지 알 수 없는
저 산과 마을들 넓은 들판
비행기 창밖으로 내려다보이는
아름다운 미지의 세계
넓은 대지를 바라보고 있다

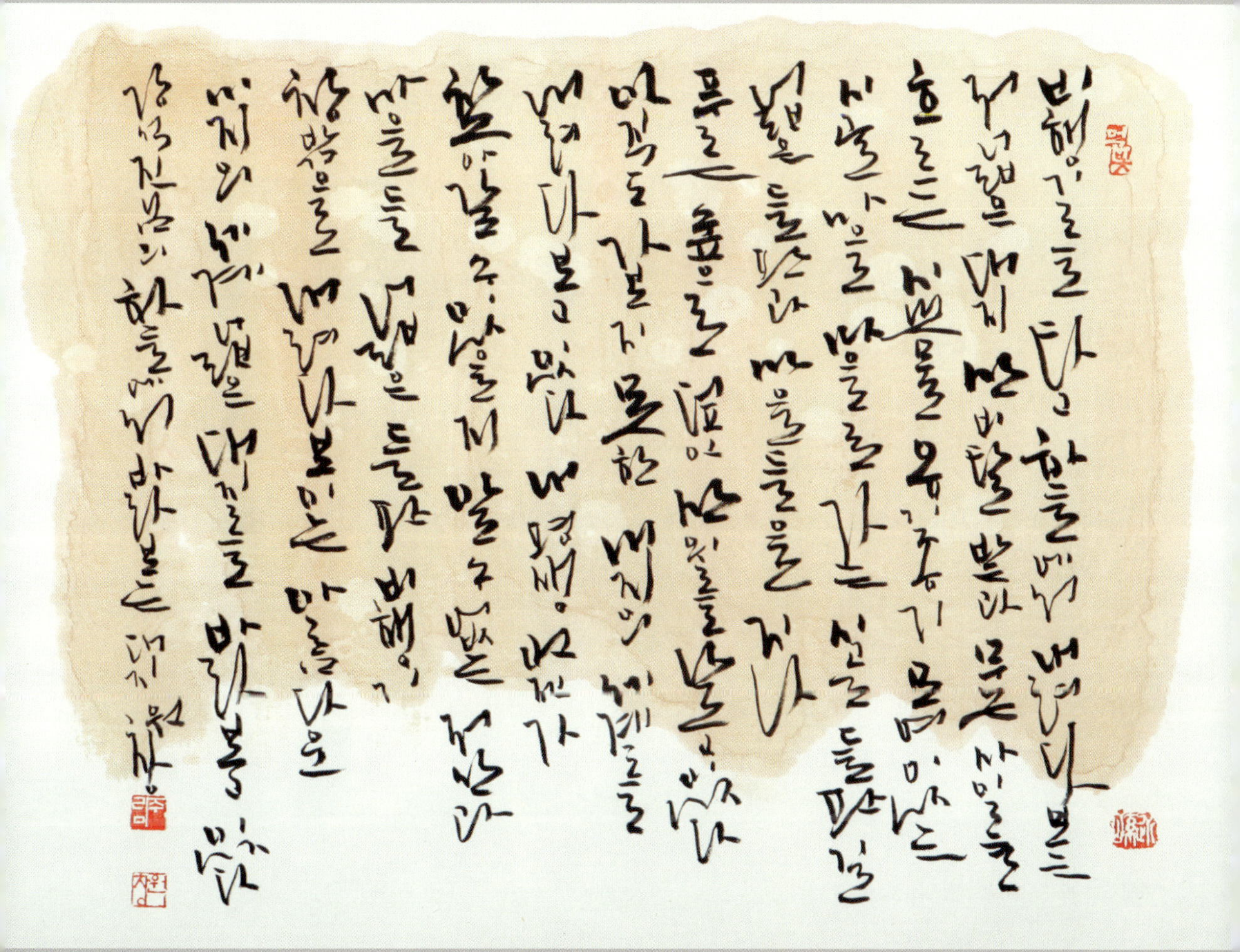

by **Lee Ju Reem** | 하늘에서 바라보는 대지 47×40

>>>

홍매화

김강좌

새벽을
건너온
햇살 한 바구니에
꽃망울
빗어 놓고 하냥 기다린다
어느 가지에
봄별이 깃들지 모르니

by Lee Ju Reem | 홍매화 52×40

>>>

꽃구경

김경식

꽃 보러 간다

나도 한 철 꽃으로
피고 싶어서

세상 가장 환하게
지고 싶어서

네게로
간다

by Lee Ju Reem | 꽃구경 66×23

>>>

어머니 오시는 날

김묘순

훅. 어머니 이마에 바람 냄새
신작로를 지났는지
들깨 밭머리를 쓰다듬었는지
대못질을 해대던 멍 자국이
산소 봉분보다 아리다
흐린 하늘과 큰 나무 그늘에 가려
생시에 못 오던 딸네 집.
하늘도 귀 찢어지게 웃어주는
추석, 설 차례상에 어머니는
꽃등을 켜고 소나기보다 먼저 달려왔다
숟가락질 두어 번 탕국에 얹으니
쌀밥처럼 하얀 달이
어머니 등에 얹혀 따라간다.

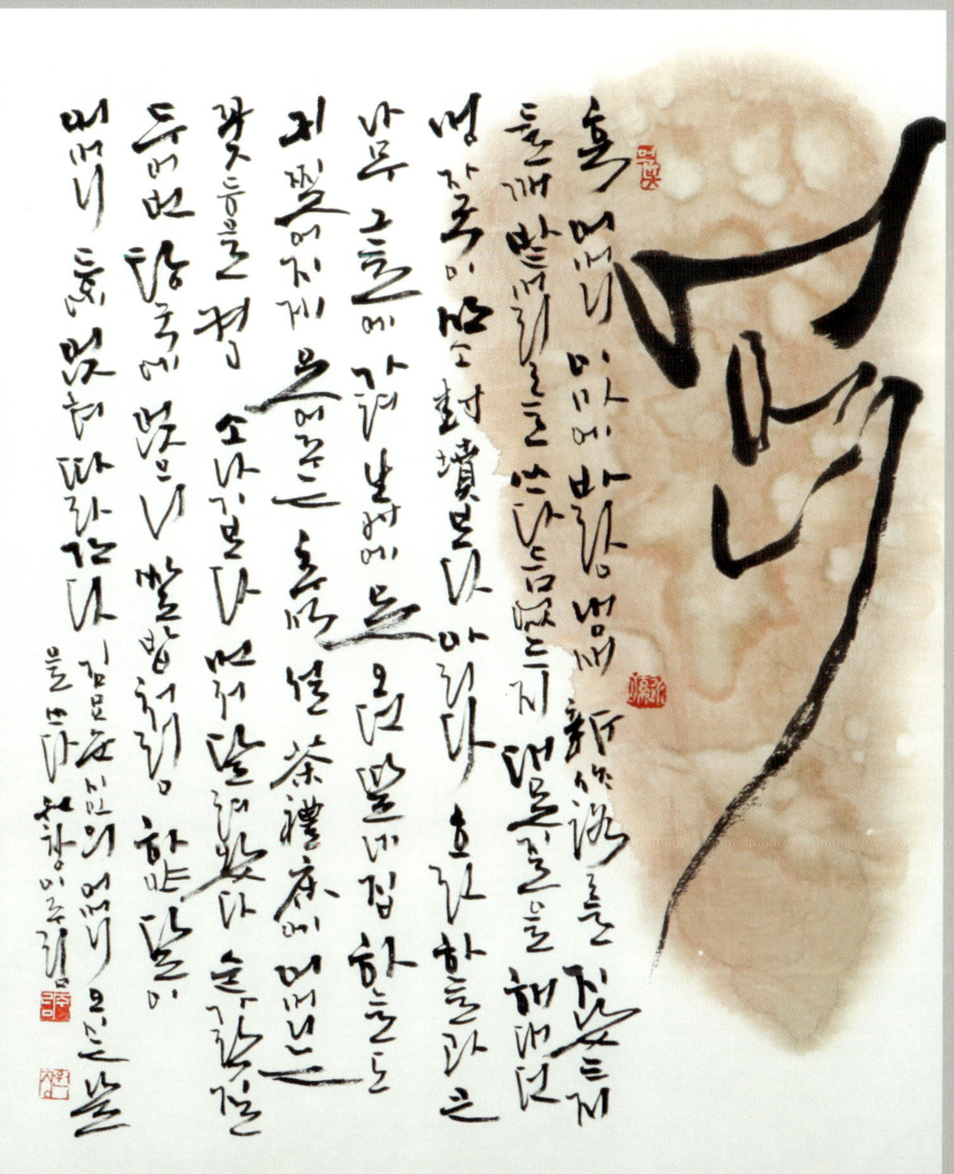

by Lee Ju Reem | 어머니 오시는 날 40×56

>>

엄마 생각

김보환

꽃밭에 나가보니
간밤에 비가 왔네
꽃잎에 달린 방울
햇빛에 반짝반짝
울 엄마 친구별하고
내 꽃밭에 왔네요

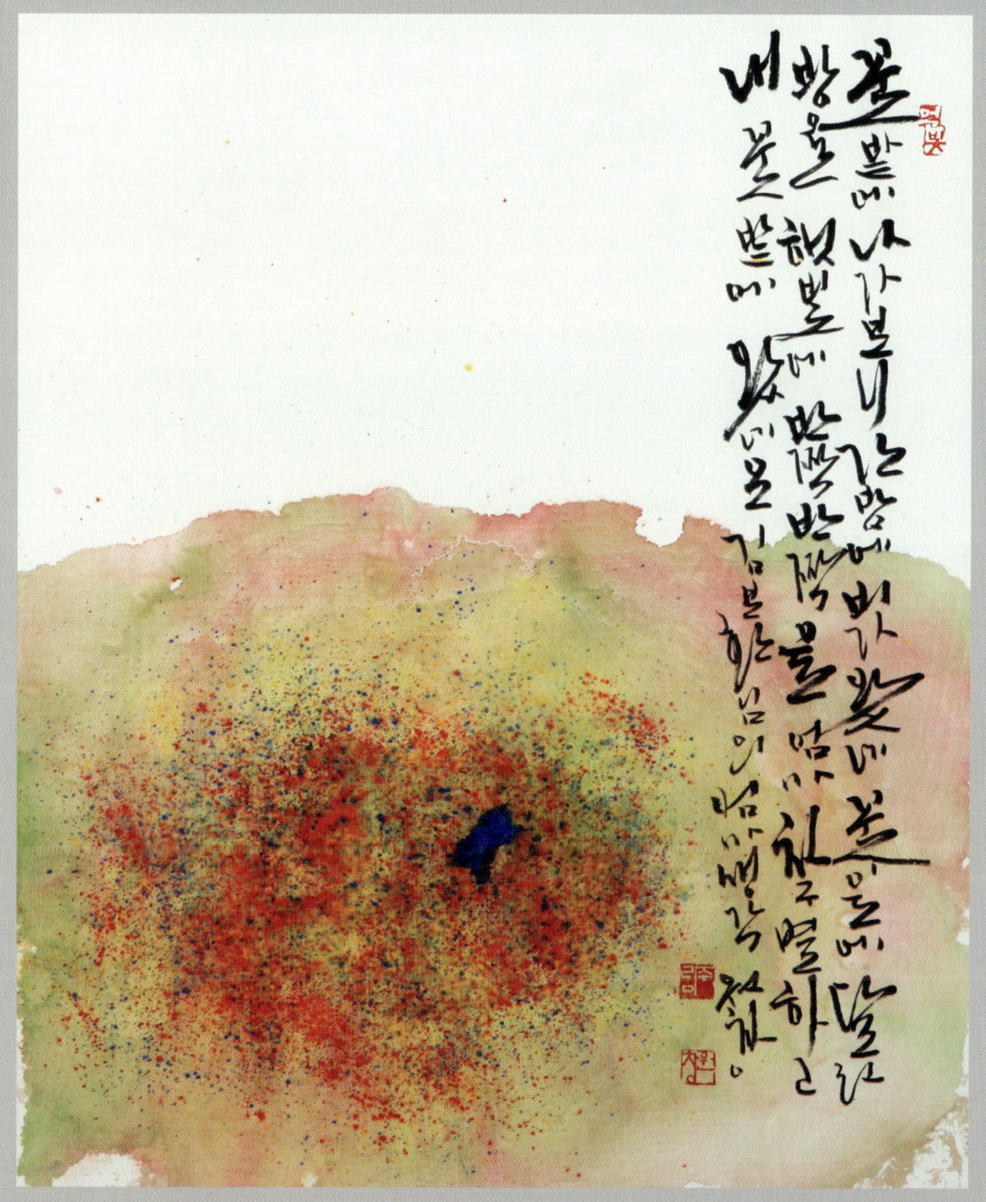

by Lee Ju Reem | 엄마 생각 95×45

>>>

인삼

향천당 김복희

소백산도 기쁨에 겨워
돌아앉은 폭포 소리

계절의 항아리에
채워 넣는 영약의 샘물

또렷한
요디*를 올려
내 삶에 나이테를 더하네

너는 아무래도
영험의 화신이다

땅속의 식솔이 아니라
별빛 감로 다 마시고

어머님
자장가 되어
어둔 시절도 밝혀 든다

골골이 가득 외치며
흐르는 물소리 떼

바람도 바람이러니와
돌들의 울음소리

모든 것
뭉쳐 이루는
그 명성 풍기(豊基)의 향기

*요디(노두) : 인삼, 사삼(沙蔘), 도라지, 더덕 따위의 뿌리에서 싹이 나오는 대가리 부분.

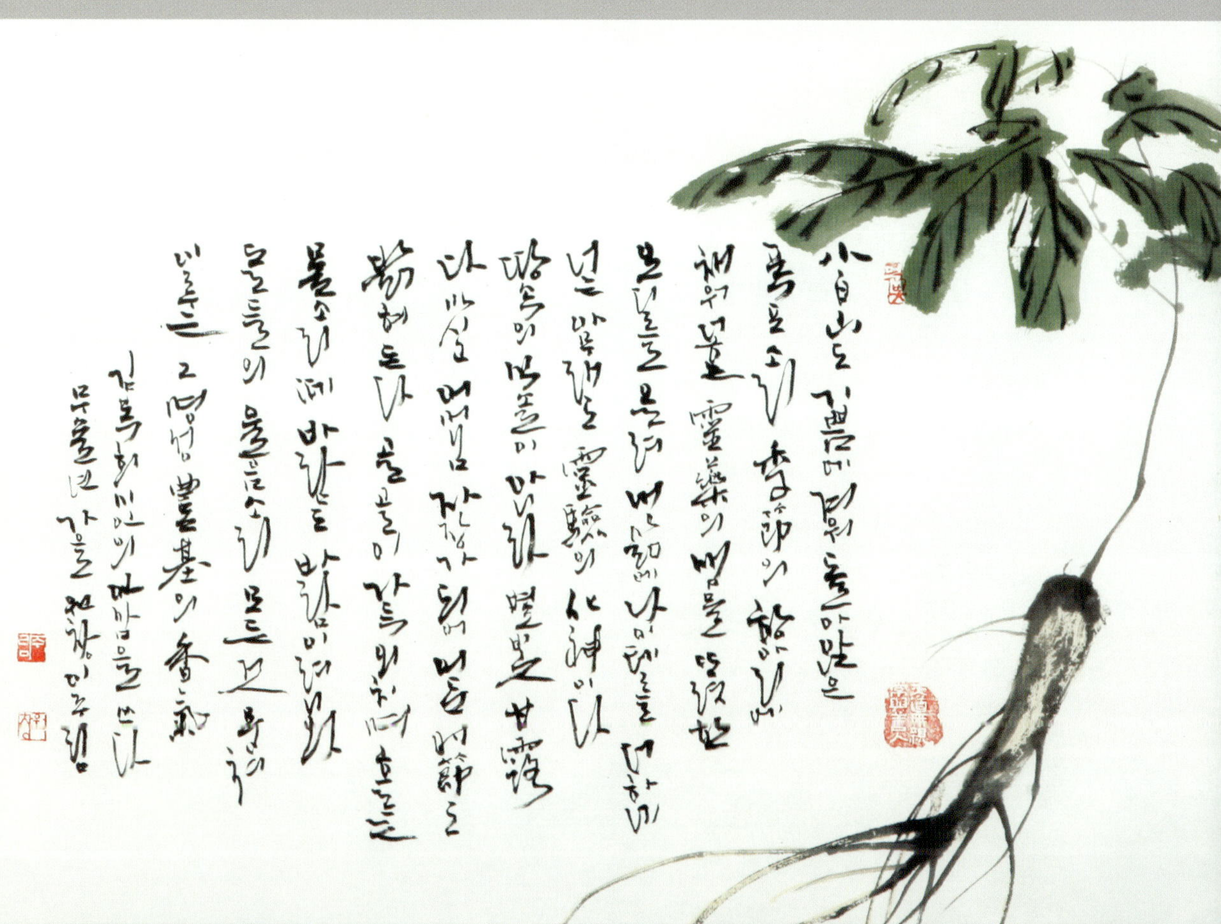

by Lee Ju Reem | 인삼 60×40

들꽃의 향기

평죽 김성호

꽃은 자신만의 향기를 가지고
신을 부르는 언어가 되기도 하고
사람의 영혼을 사로잡기도 한다
들꽃도 각자의 향기를 품고 있지만
작은 들꽃들의 날숨이 모여
또 다른 향기를 만들어 낸다
들꽃의 향기는 형용할 수 없다
어제 맡아본 향기가 다르고
오늘의 향기가 다르기 때문이다
여럿이 뭉쳐서 만들어 내는 향기
들꽃의 질긴 생명력의 원천이다
나의 향기 일부를 주고 그만큼
다른 들꽃들의 향기를 취해
함께 견디는 힘을 얻는 것이다.

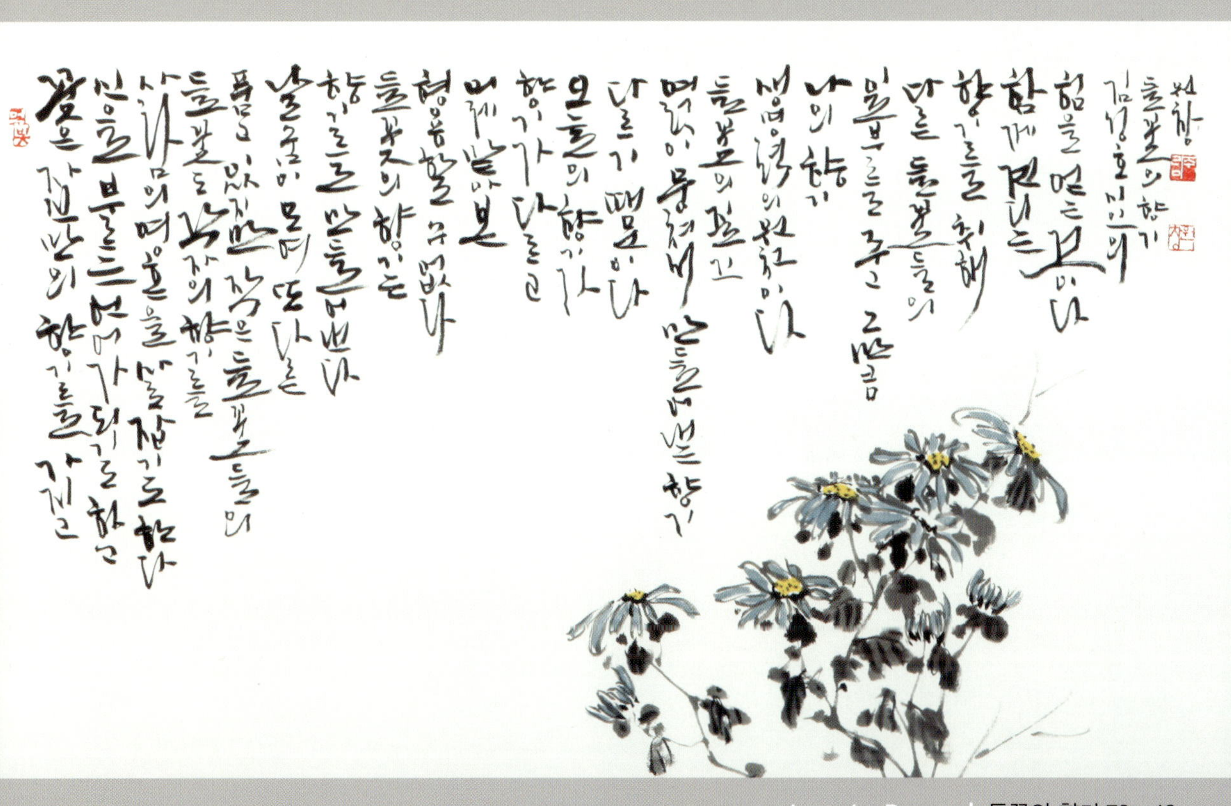

by Lee Ju Reem | 들꽃의 향기 70×40

>>>

불침번

김영희

토말항, 여객선이 정박하면
땅끝 마을엔 어둠이 깔리고
군고구마도 장수도
좌판을 접는다
소근소근 섬들의 밀어 시작되고
산과 바다는 한 뭉치의 어둠
칠흑 같은 고요가
섬을 덮는다.
천릿길 달려온 외지인들
등짐 풀듯 고단함 훌훌 털고
하나둘 떠난 그 자리엔
꺼지지 않는
꺼지지 않을
횃불 하나 켠다.
귀향하는 아가 섬들
길 잃고 헤매일까 봐.

by **Lee Ju Reem** | 불침번 60×28

>>>

좋은 관계

김재모

별을 보듯이
거리를 두고

꽃을 보듯이
시야를 두고

꿈을 꾸듯이
관계를 두고

눈으로 보이지 않으면
사랑의 망원경을 가져라

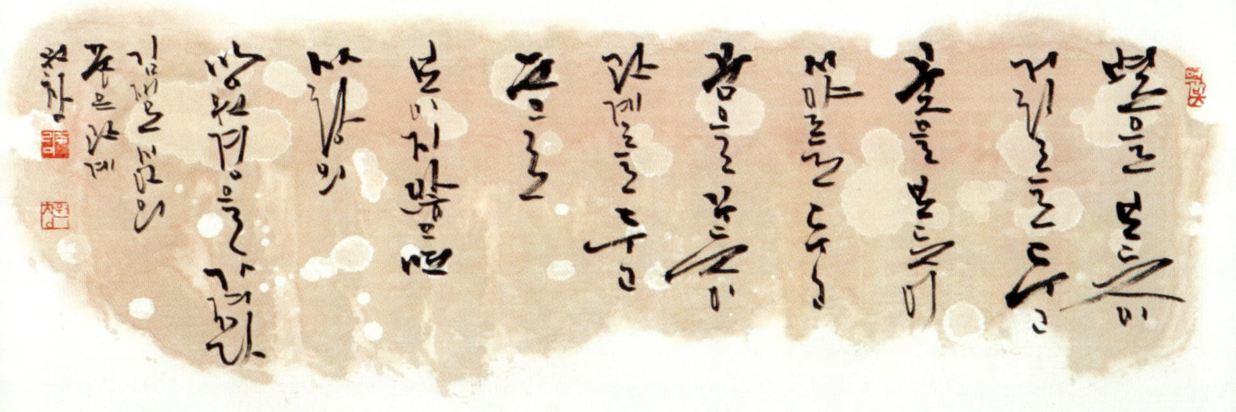

by **Lee Ju Reem** | 좋은 관계 60×20

매미 2

김전

얼마나 더 울어야 하늘 문이 열려질까

한 편의 드라마 같은 사랑을 하고 싶네

기다림
그 그늘 속에서

목 놓아 울고 또 울고

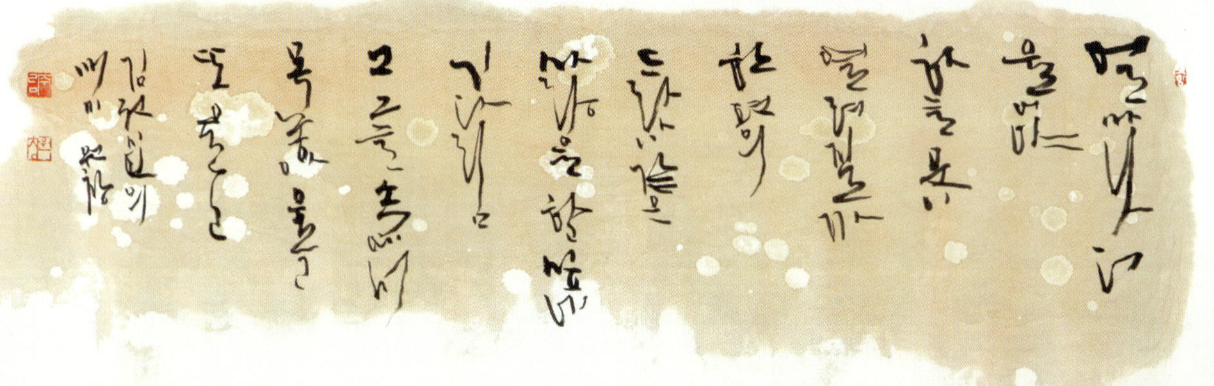

by Lee Ju Reem | 매미 2 69×27

>>>

그립다 말하기 전

김점순

그립다 말하는 사람은
진정 그리움이
무엇인지 모르는 사람입니다

그립다 말하기 전
눈물이 먼저 앞을 가리듯
꽃이 그대를 반기기 전에
꽃 향이 먼저 마중을 나옵니다

봄 향을 맡기 전
우리 안에 고여 있는
그리움의 샘물을 펑펑 솟구쳐
봄의 그리움을 토해내야 합니다

하나님이 주신
이 아름다운 계절에

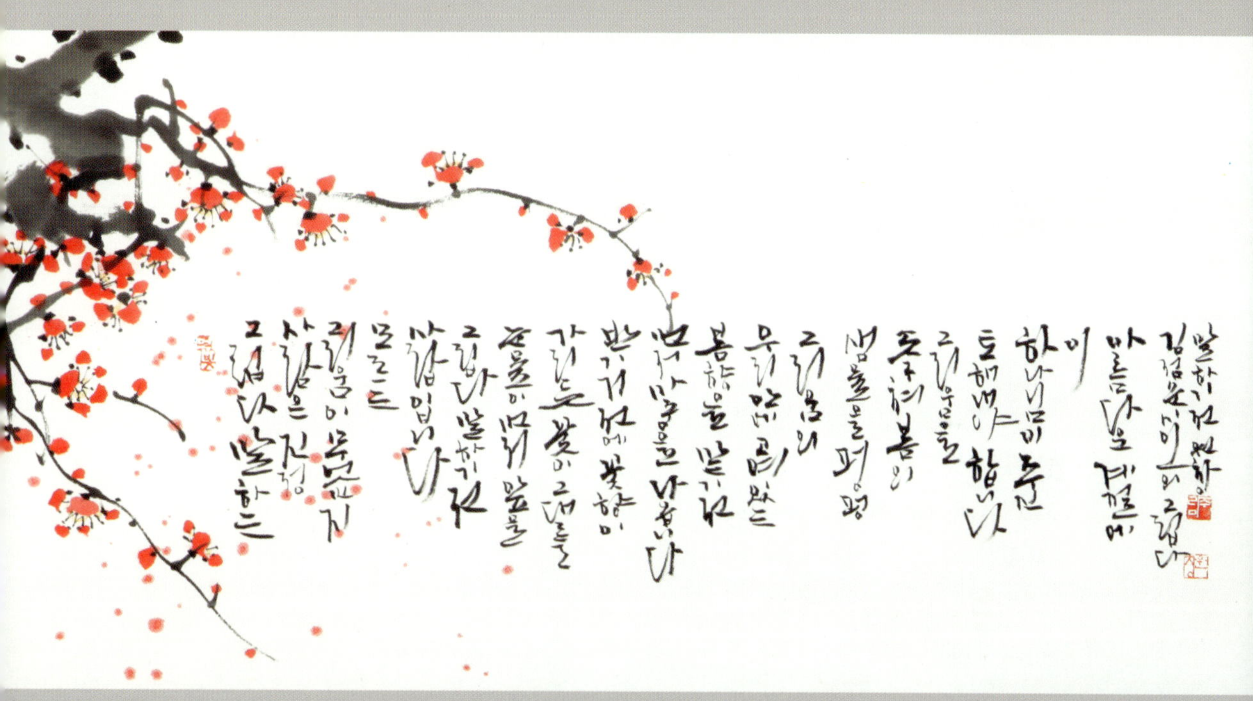

by Lee Ju Reem | 그립다 말하기 전 70×35

>>>

초승달

김정헌

아련한 옛사랑의
못 잊을 흔적일까
외롭게 떠오르다
빈 마음 못 감추고
허전한
마음 숨긴 채
구름 따라 떠가네

한 때는 둥굴둥굴
밝고 밝은 얼굴이였지
시간의 씻긴 자국
흔적을 지워가면
아릿한
그대 그림자 어둠 속에
사라지네

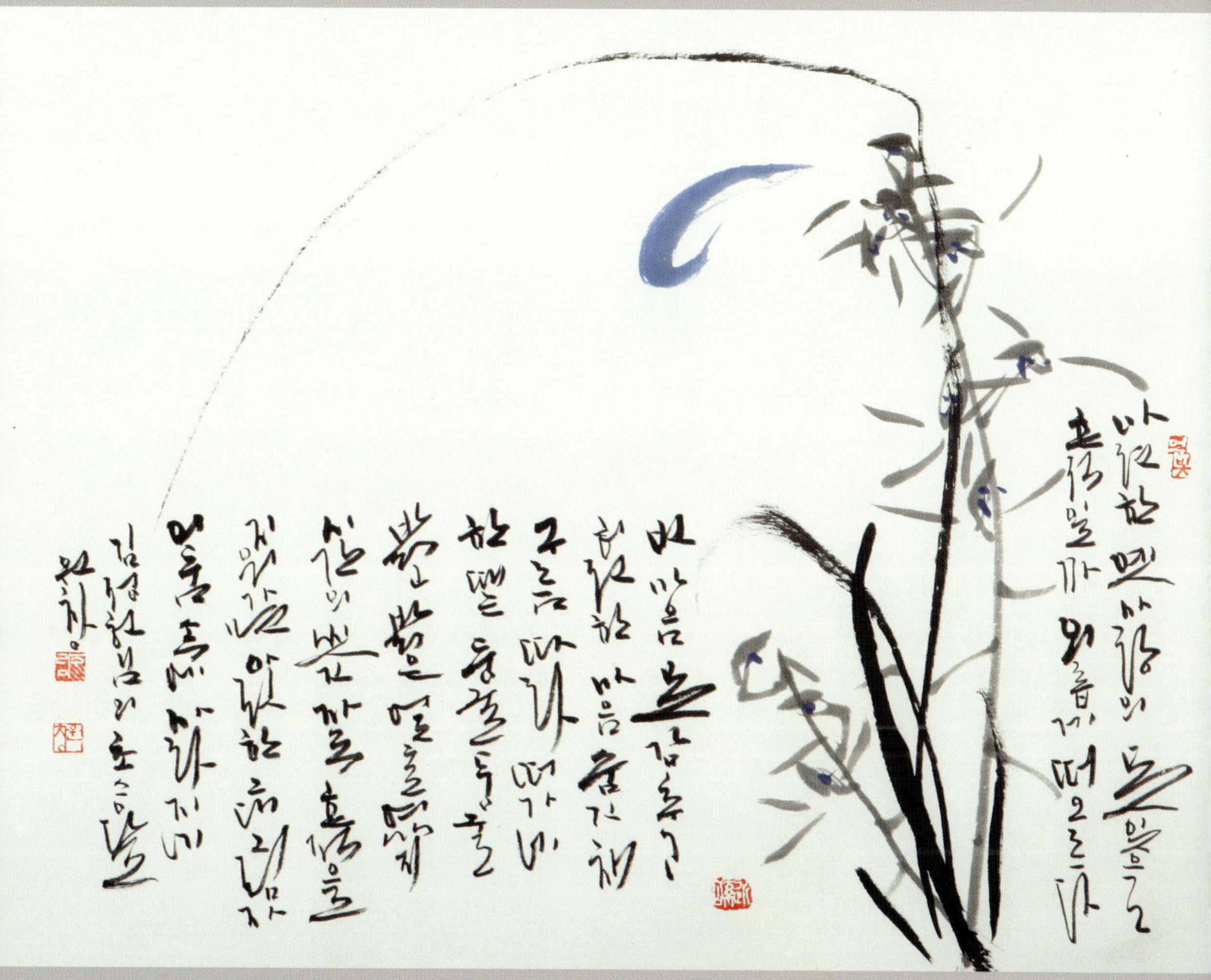

by Lee Ju Reem | 초승달 57×45

>>

서리꽃

김종환

아침이면 바빠 말 못 하고
난 바쁜 척 살고 있지만
당신도 꿈이 있었는데
날 만나 이루지 못하고

거울 앞에 있는 그댈 보니
오늘따라 가슴이 아파요
내게 들켜버린 그 모습이
옛날 같지 않아서

어디가 아파도 말 안 하고
내가 걱정할까 봐 숨기고
저녁이 오면 기다리다 지쳐
잠든 그대의 얼굴

아 당신과 평생을 살고 싶어요

아시나요 그댄 아시나요
나 얼마나 가슴이 아픈지
작은 공간에 혼자 두고
외롭게 해서 미안해요

하루종일 바빠서
당신에게 전화도 자주 못 하고
현실을 핑계로 나 당신을
너무 슬프게 했었어요

아 당신과 평생을 살고 싶어요

미안해요 정말 미안해요
당신을 힘들게 해서
작은 공간에 혼자 두고
외롭게 해서 미안해요

by Lee Ju Reem | 서리꽃 61×43

>>>

에밀레종

김천우

누가 저 사연을 보고
천년의 세월이라고 했던가

골마다 깊어진 여운
산울림으로 되돌아와서
우리네 마음 한 자락
젖어 배게 하는가

한이 깊다면 차라리
혀 깨물어 피 흘리며
죽기나 할 것이지

살아 살아서 흔들어 놓는 너는
이 세상의 무엇을 말함인가

에밀레 에밀레

그 속 깊은 뜻이 어미 찾는 한이라면
저 심산유곡에 소쩍새나 되어
밤마다 울고 웃기나 할 것이지

산 그림자 드리운 서라벌 땅에
추억에 질린 산이
화석처럼 굳어
깨어나지 못할 마술에 걸린 채

이젠 울어도 성숙한 목소리가
안개로 묻힌다

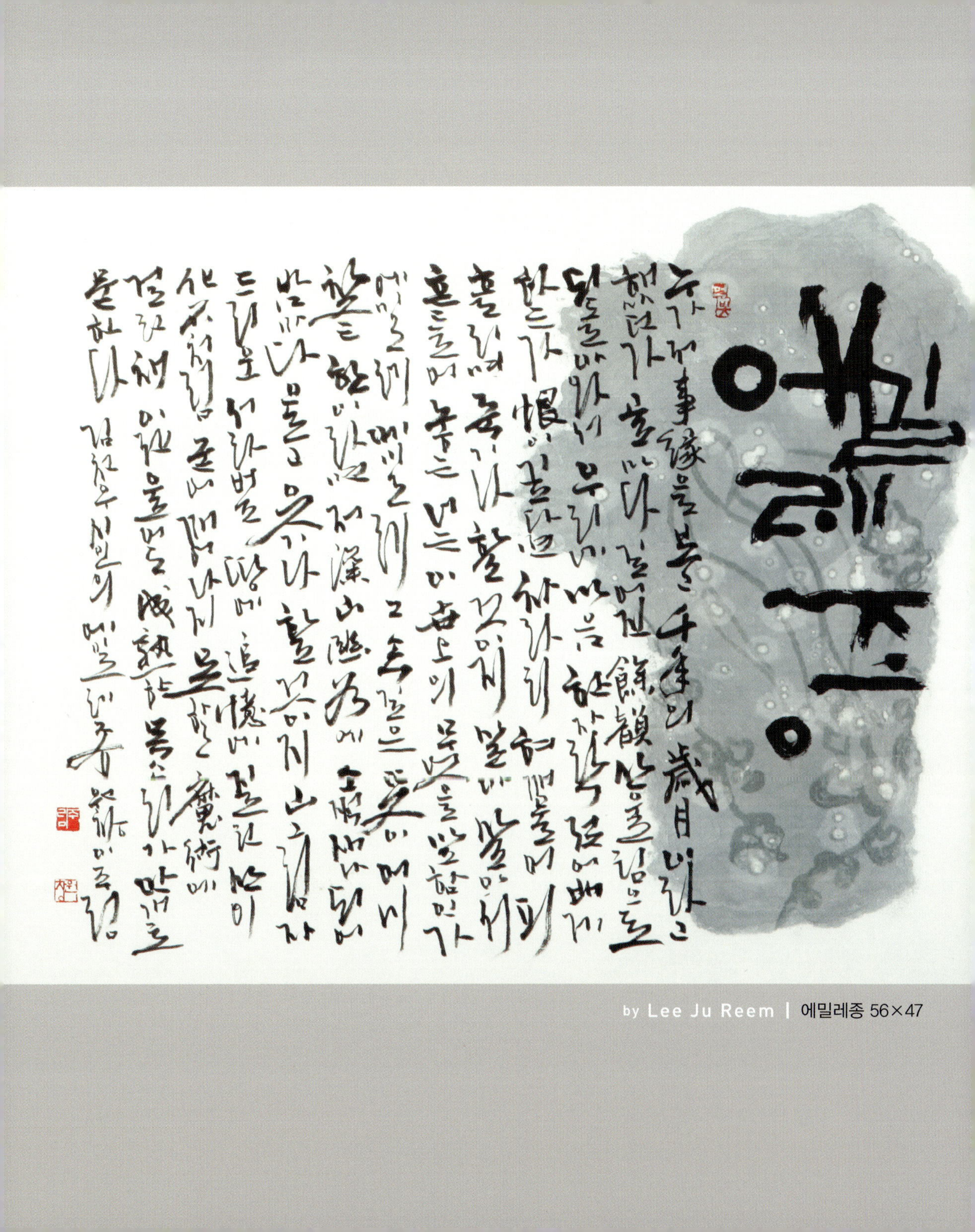

by Lee Ju Reem | 에밀레종 56×47

가을

욱연 김해용

가을은
착한 유혹이다
발그레 붉은 손짓
내 사랑의 시작이다

가을은
아름다운 불륜이다
모두를 가슴에 품으며
사랑을 하게 만든다

타는 듯 가을은
시인의 가슴이다
뽑어도 끊이지 않는
수많은 사연을 엮어낸다

결실의 가을은
내 마음의 진실이다
경이로운 너 앞에
거짓 할 수 없음에.

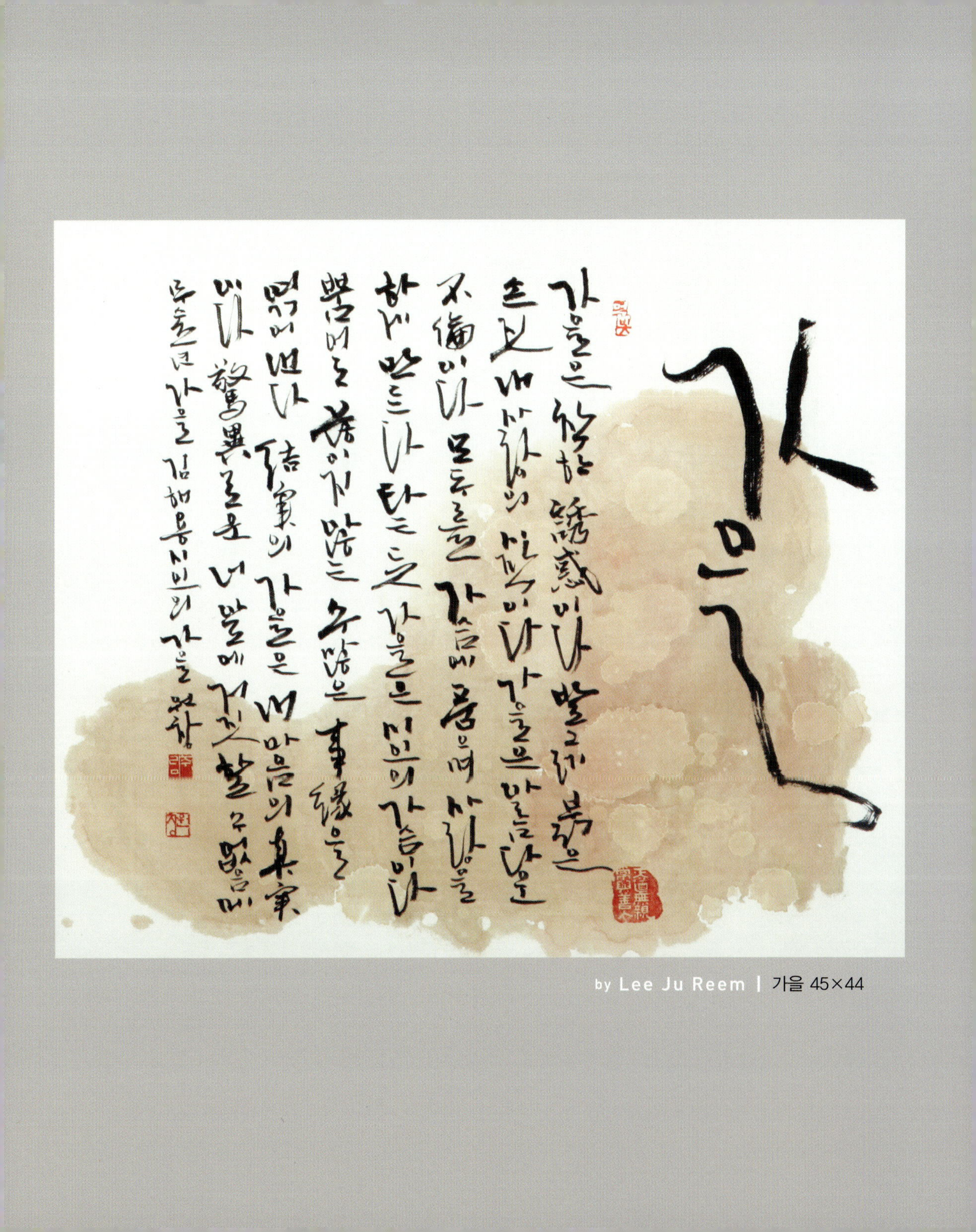

가을

by Lee Ju Reem | 가을 45×44

>>>

가을인가요

김화숙

시집을 읽다가
얼굴에 가져다 댑니다
활자가 유혹을 해옵니다
올가을엔 우리 만날까
친구에게 문자를 보내려다
그만둡니다
바람에 시큰둥해진 나뭇잎도
빗물에 씻겨
마음을 비우기 시작하네요
욕망과 정열을 비우고
잘 익은 고독 뒤에 숨어
가을보다 낮은 음계로
노래하고 싶어요.

by **Lee Ju Reem** | 가을인가요 46×34

>>>

오월의 여왕 장미

김효태

그대는 화사하고 요염한
불꽃 튀는 요정으로
그 눈빛에 감아 현혹시킨
혹세무민들…!

너는 향미(香美)를 품고도
비수의 가시는 감추고서
무녀처럼 춤을 추지만

아이러니하게 그대 가슴은
주홍글씨만 담고 사는 너
꿀샘이 없는 부나비로

벌 나비는 강 건너 불 보듯
외모보다는 내면의 기품이
빗나간 너의 허망에
빛 좋은 개살구가 아닌가?

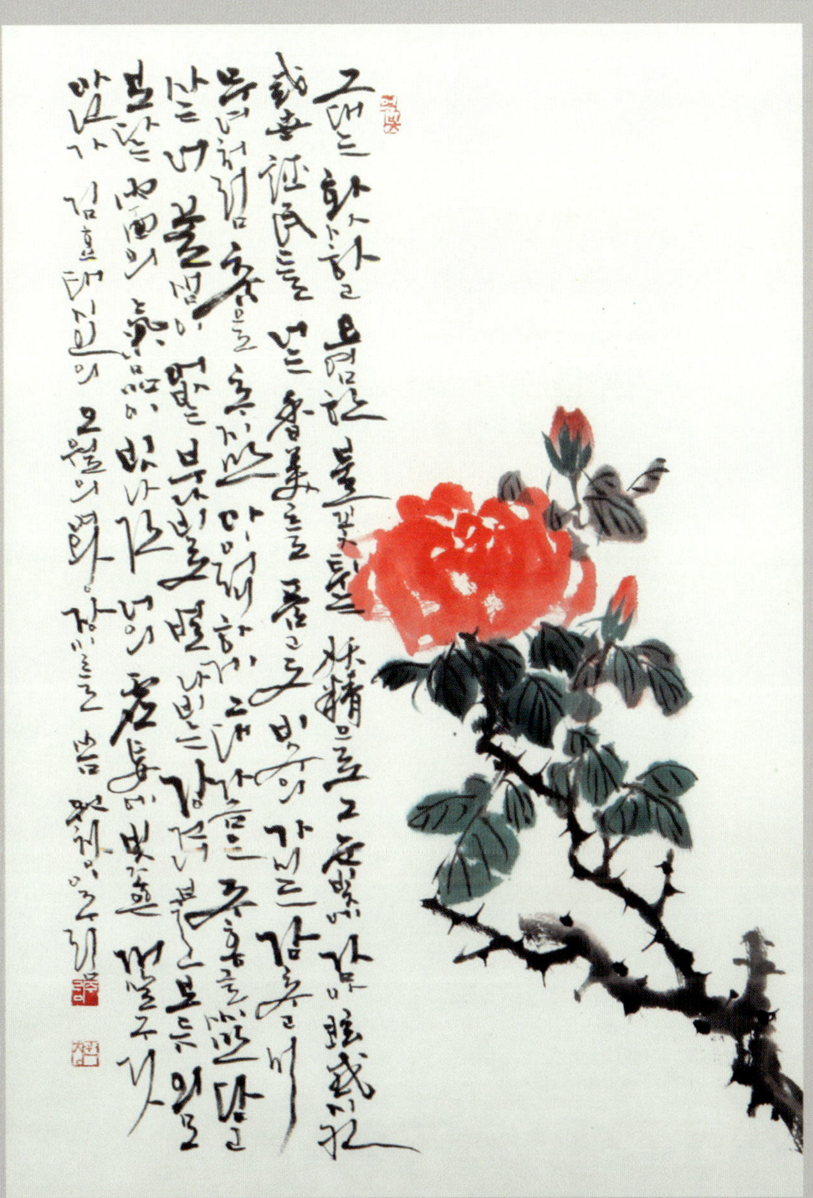

by **Lee Ju Reem** | 오월의 여왕 장미 60×40

연정(戀情)

松嶺 노희섭

붉고도 샛노란 단풍길 따라
작렬한 햇빛을 뚫고서
쏟아지는 여우비처럼
스치듯이 다가오고
나풀거리는 날갯짓 소리 없이
코끝에 라일락 피워놓고서
바람에 날리는 낙엽 따라 흐르면
이토록 애틋한 가슴
그리운 긴 그림자에 어찌하라고!

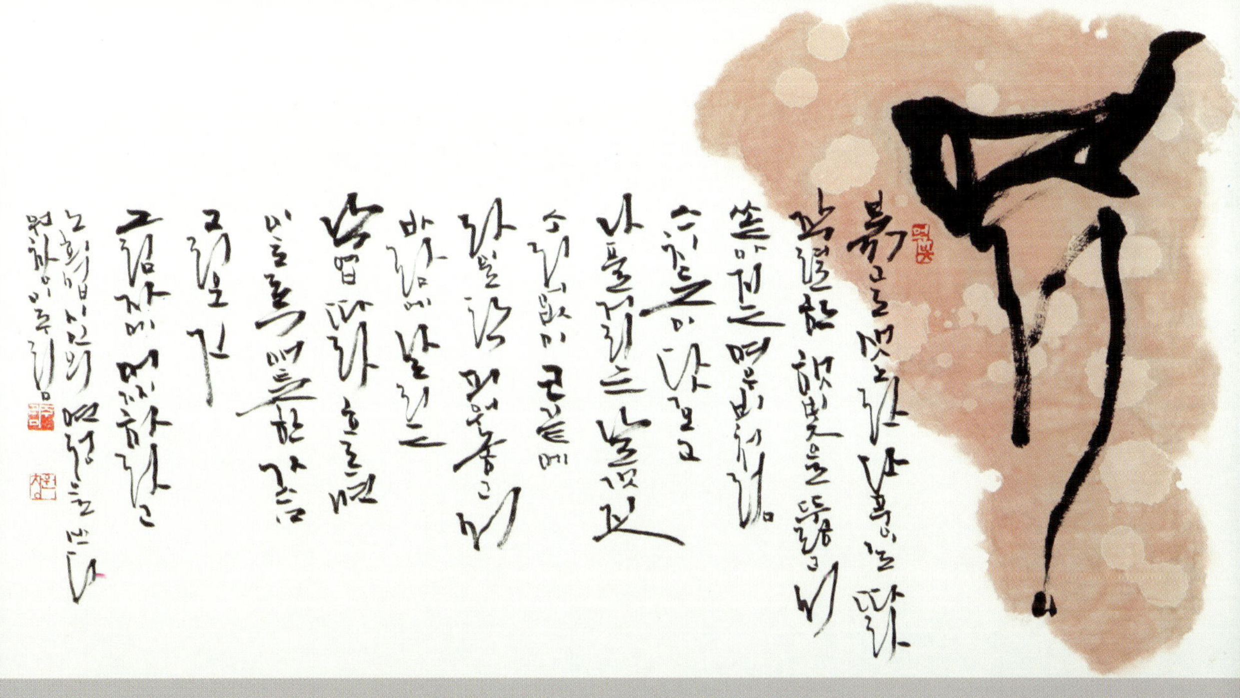

by Lee Ju Reem | 연정(戀情) 63×33

임종

마대복

어머니는
내 무릎에 누우시더이다
내 귀를 어머니 귀에 대고
무어라 말씀하시는데 들리지 않더이다
내 두 손을 말라붙은
젖가슴에 올려놓고
눈물을 주르륵 흘리시더이다
눈을 감고
숨을 거두시더이다

by Lee Ju Reem | 임종 57×40

>>>

노송(老松)

문운경

머리 위 흐르는 구름
내 마음도 흐른다

삶이란 사랑인가
비워도 비워
솟아나는 사랑

비단옷 펼쳐내는
학들의 사랑 춤에
달과 별 눈을 뜨고
한 세상이 열린다

by Lee Ju Reem | 노송(老松) 62×39

청운학(靑雲學)

박관희

푸른 소나무 위
학은 기다란 입으로
글을 올리노니

배움은 깃털 붓
하늘에 날고
구름 멍석에 엎드려

학문에 붓 휘날리다

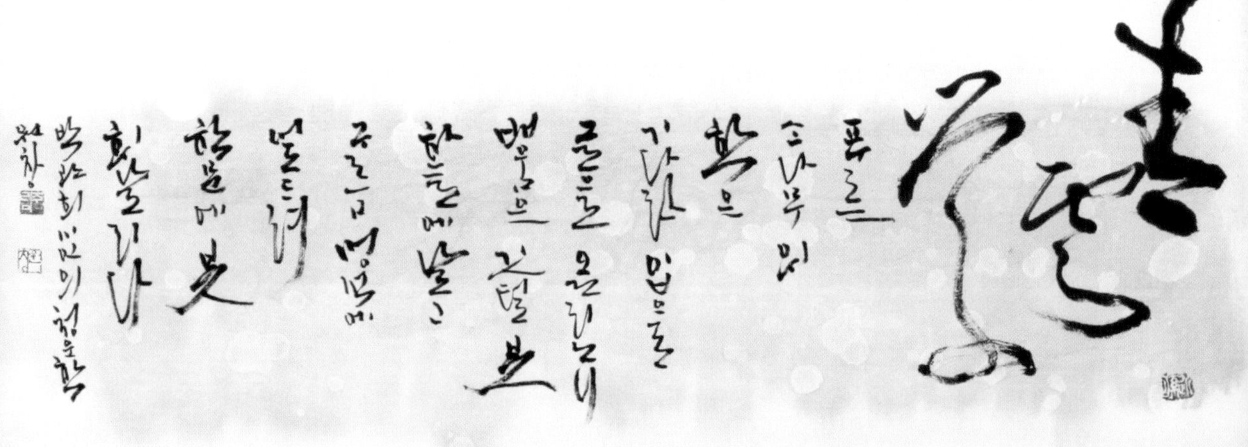

by Lee Ju Reem | 청운학(靑雲學) 69×26

>>>

소낙비

박병구

짙푸른 먹구름이다.
듬성듬성 후다닥거린다.
굵은 빗줄기 내린다.
막 달리다 엎어졌다.
무르팍이 푸욱 까졌다.
빨간약 바르니 진물이 난다.
따갑다가 쓰라린다.
호호하고 눈물이 찔끔 난다.
배롱나무 너털웃음이다.

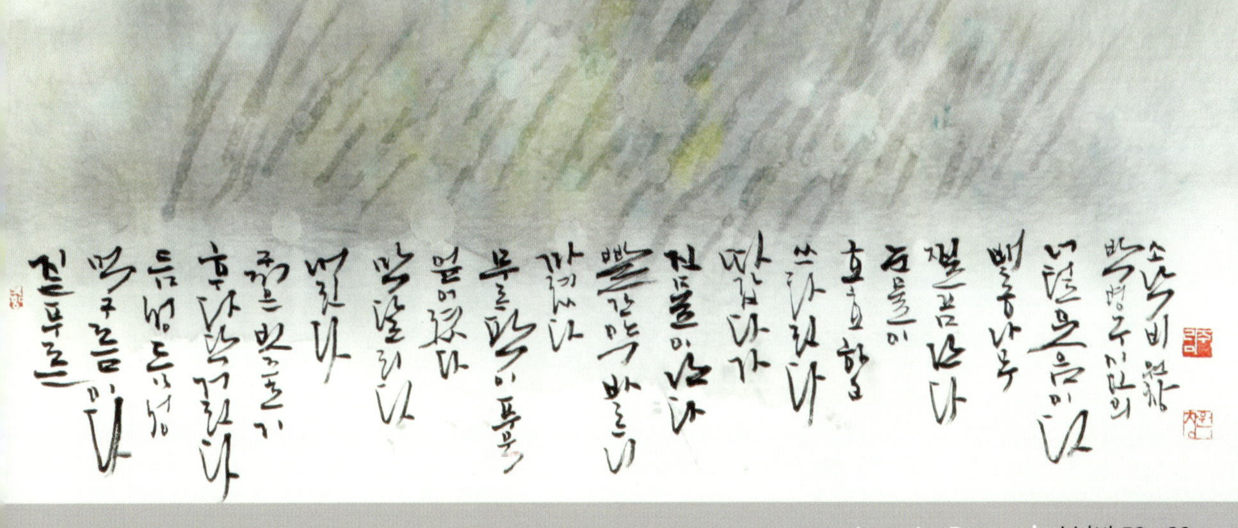

by Lee Ju Reem | 소낙비 56×26

묵죽도(墨竹圖) 1

박영교

지금은 묵향이 짙은
그림 한 점 그리고 있다
바람 강하게 부는
묵죽(墨竹)을 치면서도
머무는
마음속에는
바람 한 점 일지 않는다

by Lee Ju Reem | 묵죽도(墨竹圖) 160×33

너와 나

박철언

너는 가끔 나에게 묻는다
'나를 어떻게 생각하느냐'고
나는 대답하지 않는다
너는 또 '왜 대답이 없느냐'고 묻는다
나는 그냥 싱긋 웃는다
함께 있을 때
우린 서로 기대고 있다
편하고 따뜻하다
떨어져 있을 때
가끔 너를 생각한다
그리고 미소 짓는다
함께 있어도 떨어져 있어도
외로움의 뿌리는 가시지 않는다
나는 나, 너는 너
그러나 하나인 게 좋지

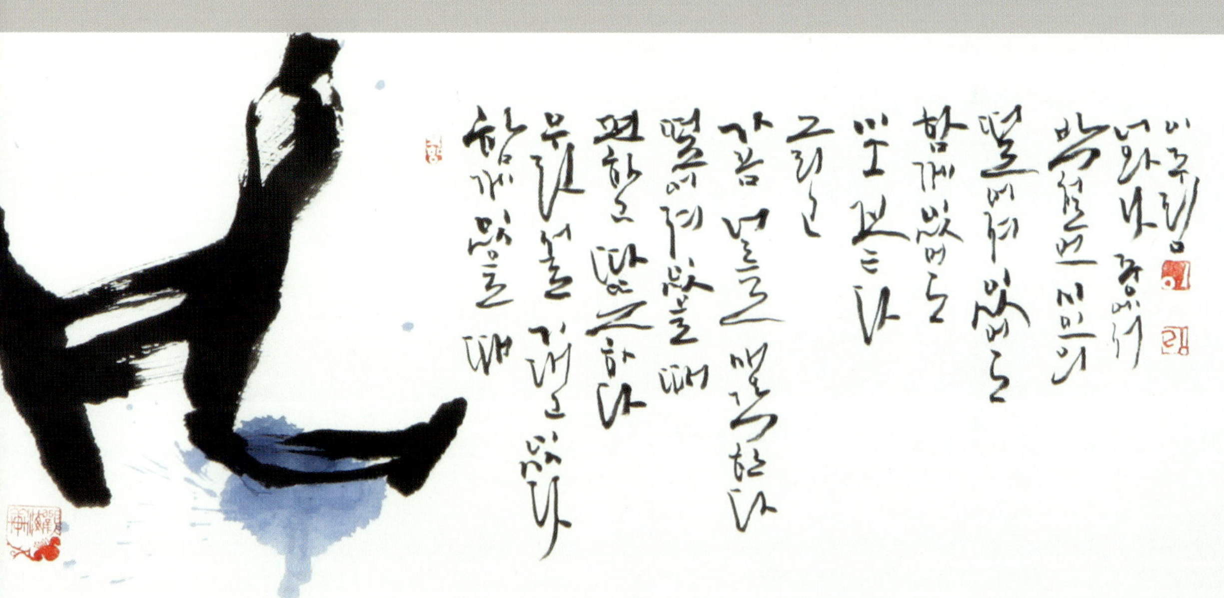

by Lee Ju Reem | 너와 나 46×35

>>>

낙화(落花)

雪花 박현희

지난밤 내린 무서리에
부질없이 떨어진 꽃잎이여.

다하지 못한 꿈과 열정
품어야 할 사랑이 참으로 많건만
무슨 변괴로 서슬 퍼런 칼날에
무고한 희생양이 되었다더냐.

인간만사 새옹지마(塞翁之馬)라더니
바람 앞에 촛불 같은 인생이 무상하고
한세상 나그네처럼 왔다 가는 삶이
참으로 헛되고 헛되도다.

그러나 그대 이름 석 자는
우리 모두의 가슴 속에서
영원토록 길이길이 빛날 터이니
불꽃처럼 살다간 그대의 삶이
참으로 영예롭고 자랑스럽다 할 것이다.

by Lee Ju Reem | 낙화(落花) 61×40

달맞이꽃에게

박희덕

그립다 그립다
애태우지 마라

천년 가슴
부풀고 졸이는
저 달의 가슴을 보라

만년 불빛
밝히며 꺼져가는
저 달의 눈망울 기억하라

엎어졌다
다시 일어서는
저 달의 희망 버리지 말고

그리워 그리워
다시 찾아오는
저 달의 순정 잊지 마라

너를 보듯 달을 보고
달을 품듯 너를 품은
한 사람 여기 있음이라

by Lee Ju Reem | 달맞이꽃에게 70×38

증오(憎惡)

감우 **배상삼**

쪼개지고 찢어진 국론 속에
유비무환 외면하고 증오 폭만 쌓이더니
대동아 공영권을 외치던
섬나라 소국에 주권 잃고
세계 제일 언어마저 말살(抹殺)당하고
36년간 치욕의 식민지 아픔 겪은 조국

가려운 곳 긁어 주는 것보다
곪은 종기 아프게 짜는 것이
건강회복 지름길임을 명심하고
쓴소리 바른말 짓밟지 말고
모두 관용으로 끌어안고
증오의 칼날을 접으소서

역사는 수레바퀴
수직 수평이 서로 바뀌고
양지가 음지로 바뀌는 철칙
미워도 모두 대한민국 국민
갈등과 증오 한강 물에 흘려보내고
화합과 단결로 선진조국 앞당기자.

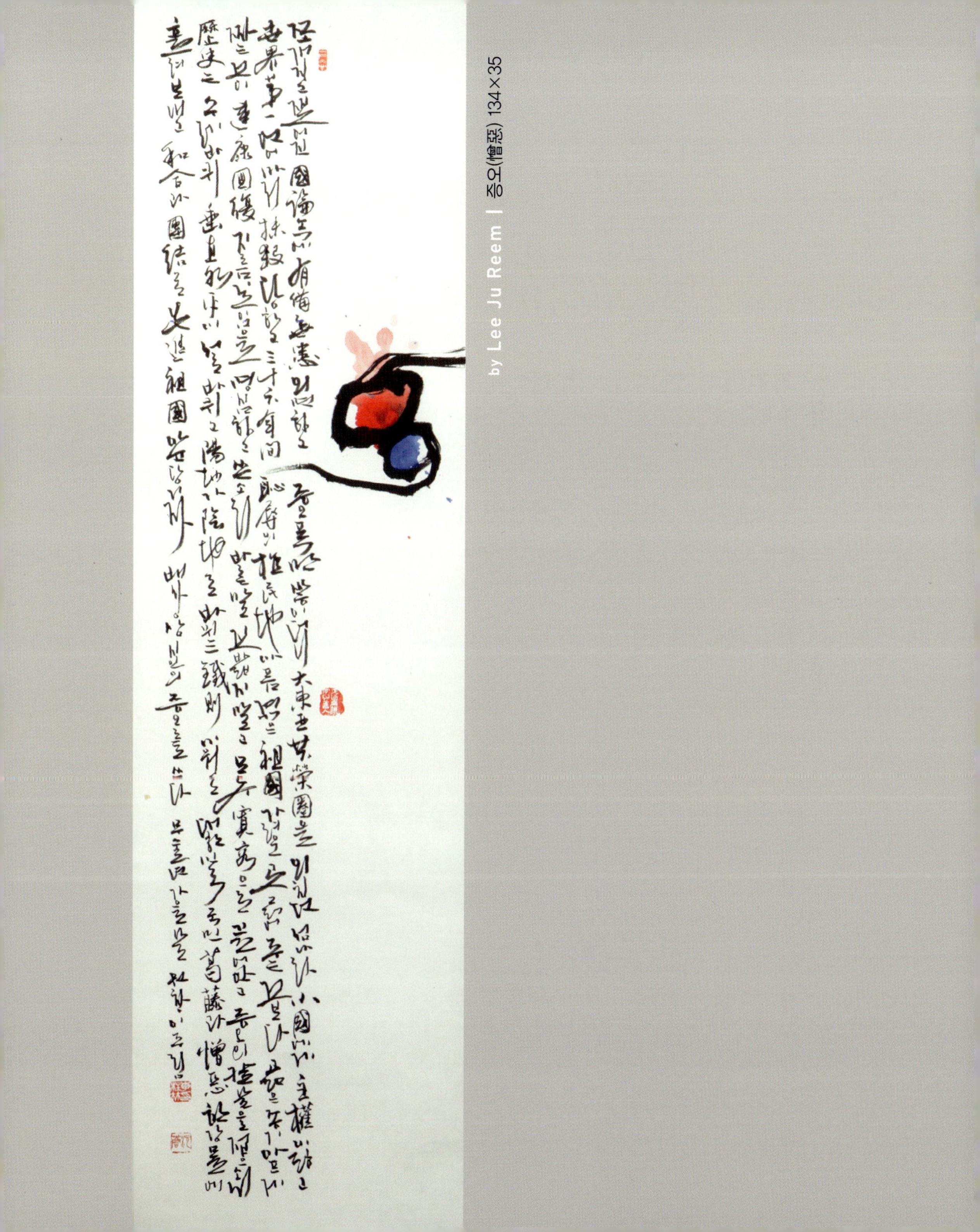

by Lee Ju Reem | 증오(憎惡) 134×35

바람공쟁이

산억수

바람 불면
나
온 줄 알라
오늘도
새끼들 보고파
바람공쟁이 왔다
고근산 검붉게 익혔는데도
아들놈은
들어오지 않았고
손주들 안팎 바쁘바빠
며늘아
두 개 눈망울만
올레목
뒹구는데
시아비 들어와도
눈 맞출 줄
모른다

by Lee Ju Reem | 바람공쟁이 59×30

>>>

밤 순천만

석연경

순천만
밤 펄을 마주한 사람은 안다
젖는다는 것
젖어 있다는 것은
온몸으로 사랑하는 일
햇빛 어둠 달빛
온몸을 내어주고
그저 그 사람이 되는 일
그 사람을 아는 일
바위마저 바람에라도 젖어
온몸으로 사랑하는 순천만의 밤
살을 마주치는 것
몸을 맞대는 것
그리하여 두 눈 마주치고
갈대처럼 어우러져
어깨춤 추는
융숭한 한세상
순천만 밤 펄을 보면 알리라
젖어 있을 때라야 사랑이라는 것을

by Lee Ju Reem | 밤 순천만 65×38

가을밤 산책

손장순

달빛 벗 삼아 걷는
길
가을의 노래
가슴으로 스며드는 밤

갈바람에
익어가는 가을 향은
풋줄 사이사이로 스며들고
머리 위로
쏟아지는 별들의 속삭임
풀벌레 노래가 되어
내 발걸음 따라
가을 속으로 걸어간다.

가을밤 산책길
고요한 소란은
야상곡이 되어 별이 되고
나는 가을이 된다.

by Lee Ju Reem | 가을밤 산책 70×32

>>>

달빛 젖은 폭포수

손주일

연분홍 꽃송이 활짝 웃고
바람에 입 맞추고 춤추며
행복해 낙하하는 꽃잎들
찰랑찰랑 달빛을 품고
살랑살랑 별빛을 실어
속살 속살이며 흘러가니
계곡의 밤은 깊어만 가네.

by Lee Ju Reem | 달빛 젖은 폭포수 65×23

>>>

꽃의 유혹

신영철

꽃은 까닭도 없이
내게로 와 유혹으로 피어
나를 미치게 해놓고
사랑을 해 달라는 건지
입맞춤을 해달라는 건지
꽃이 내게 전하고 싶은 말을
알 수가 없네

꽃의 언어를
벌은 알겠지
나비도 알겠지
질투 나게 바라보는데
또 바람이 와
나만 모르는 언어로
사랑을 속삭이네

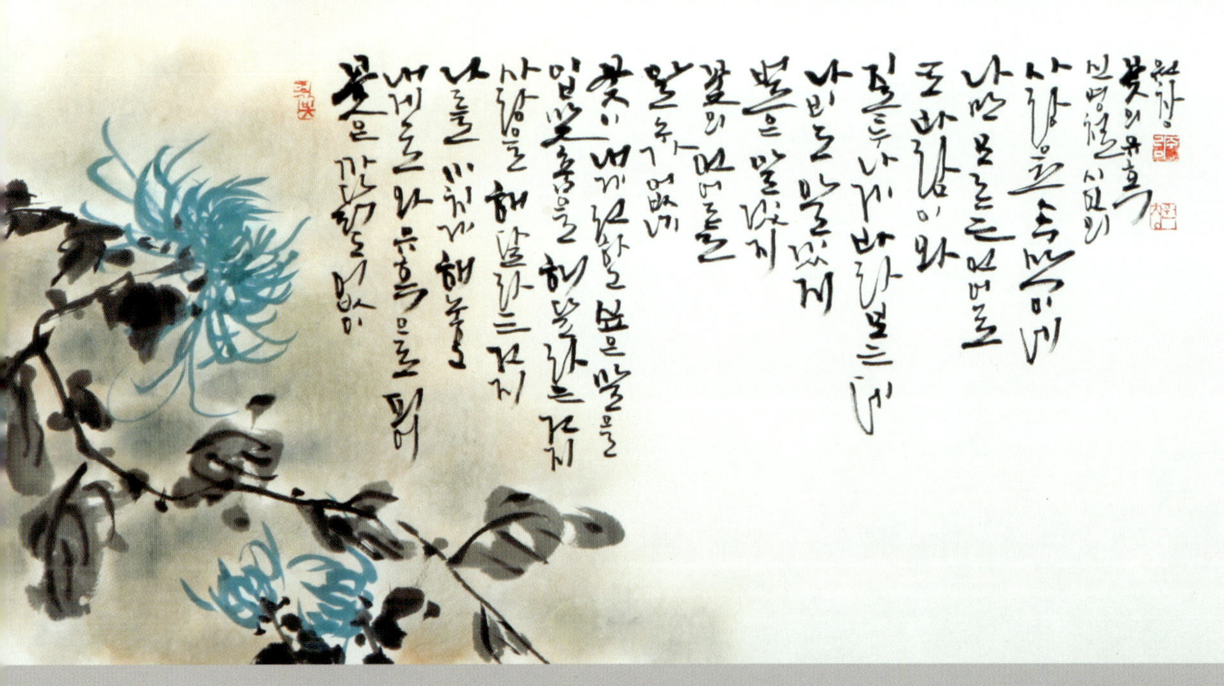

by Lee Ju Reem | 꽃의 유혹 63×34

욕심

안병호

두 손을
흐르는 물에 담그면
내 것인 줄 알았는데
퍼 담으려고 하니
내 것이 아닌 줄 알았네

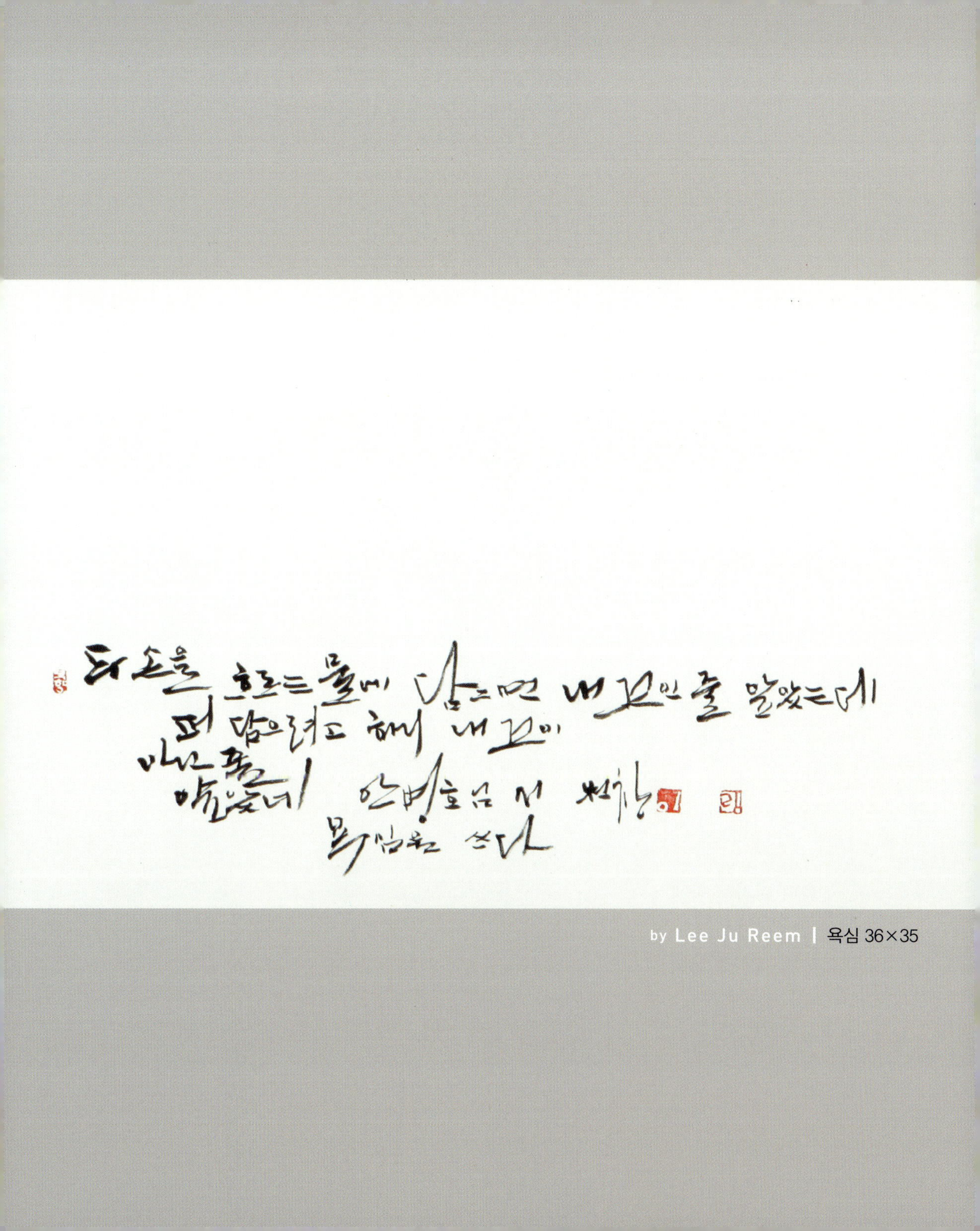

by Lee Ju Reem | 욕심 36×35

그리운 사람
— 백봉 선생을 기리며

오무임

그는 지금
음표 하나 어깨에 걸치고
하얀 새가 되어
온 세상을 날고 있겠지

음악에 인생을 걸었고
향토를 음악에 담아
음악인을 위한 마음으로
청사진을 그리더니

기어코 완성하지 못한 채
스르르 무너져
세상에 남겨진 사람들의
그리움을 악보에 담아

울려 퍼지라 하네.

울려 퍼지라 하네.

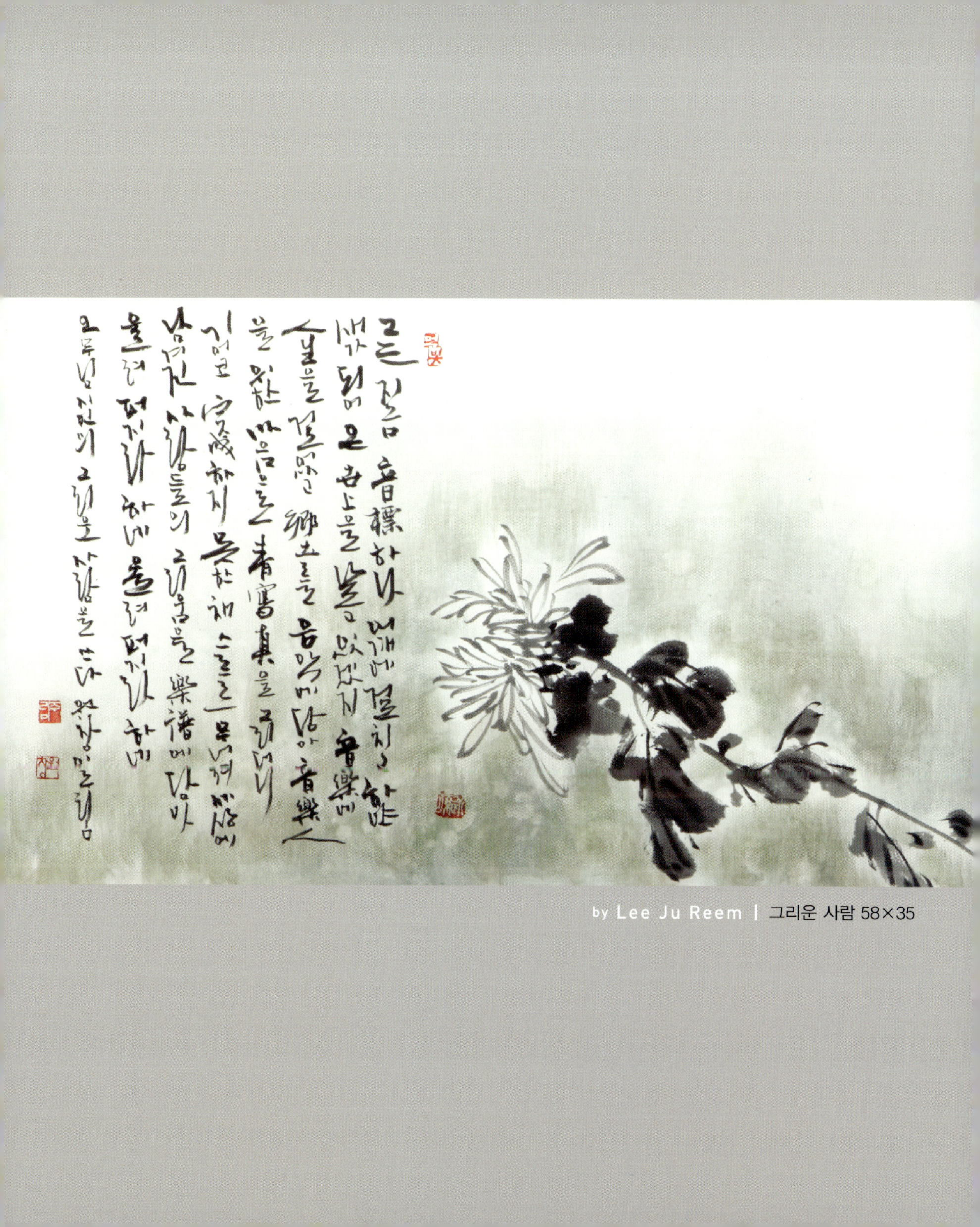

by Lee Ju Reem | 그리운 사람 58×35

당신 참 좋다

書耕 오연재

아침에 일어나
미소 짓게 하는 당신
먼 곳에 있어도
향기 나는 당신
당신이 있어서 참 좋다

꽃 보면 당신 생각나고
맛난 것을 보아도 당신 생각나고
세상에 스며드는 모든 곳에서 당신 생각나고
잠시 멈추어 생각나서 웃게 만드는
당신이 있어서 참 좋다

바람 불면 바람 속에 당신이 오고
비 오면 빗속에도 당신이 오고
파도치면 파도 따라 당신이 오는
가슴 속 사랑의 꽃 피우게 하는
당신이 있어서 참 좋다

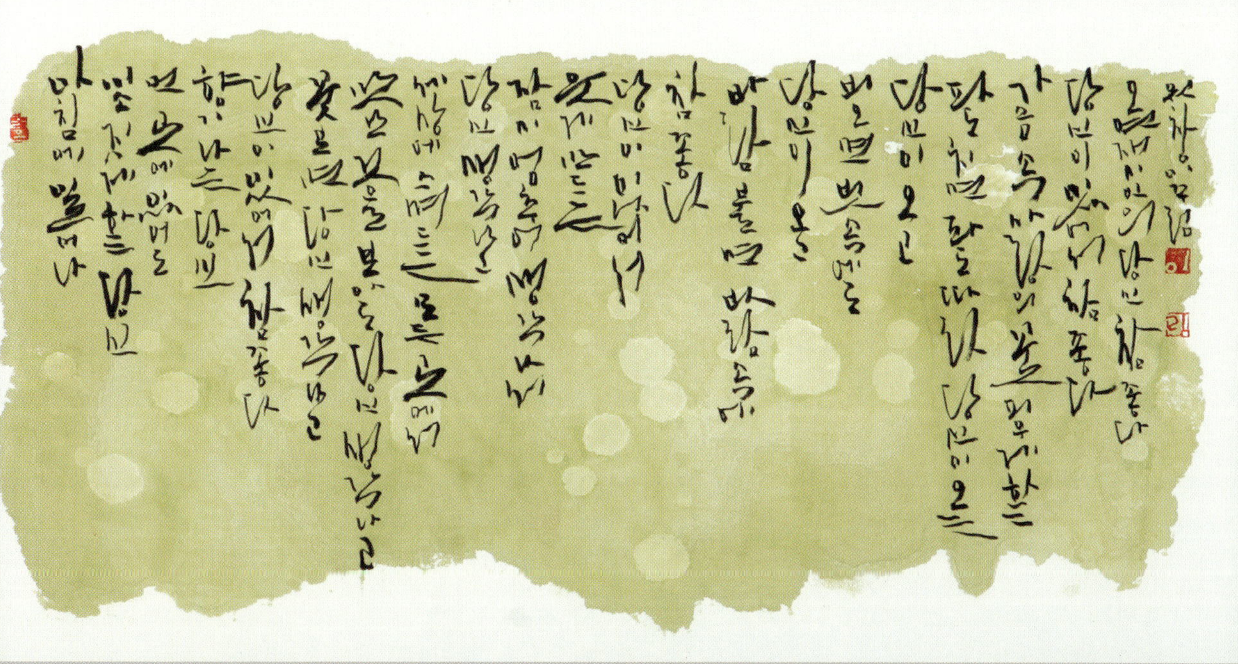

by **Lee Ju Reem** | 당신 참 좋다 54×32

>>>

닮고 싶다

오진숙

질기디질긴
잡초를 닮고 싶다
가뭄에 노랗게
타들어 가는 심장
붉게 뛰는 뜨거움으로
살아갈 수 있기를
간절함으로 하늘 향해
젖어 드는 눈빛
간절함으로 잡은
희망을 놓지 않게
가뭄에도 꿋꿋이
살아내는 생명력
닮았으면 좋겠네
그랬으면 참 좋겠네

by Lee Ju Reem | 닮고 싶다 45×44

>>>

아! 어쩌란 말이냐

青蘭 왕영분

물든 감잎에 나부끼던 갈바람
등 굽은 소나무 가지에 걸쳐
요염한 달빛으로 살포시 다가와
그윽한 미소로 유혹을 한다.
심연 끝에 꾹꾹 눌러 두었던
모진 앙금 걷어내고
오직 사랑으로 사랑하라네

나뭇잎들이 내려앉는 가을엔
나부끼는 머리카락 하나라도
보듬어 살펴주는 따스한 마음
가슴으로 사랑할 수 있기를
깊어가는 가을에 기도하라 한다.
반쯤 닫힌 문 활짝 열어
아낌없이 나누는 사랑 하라하네

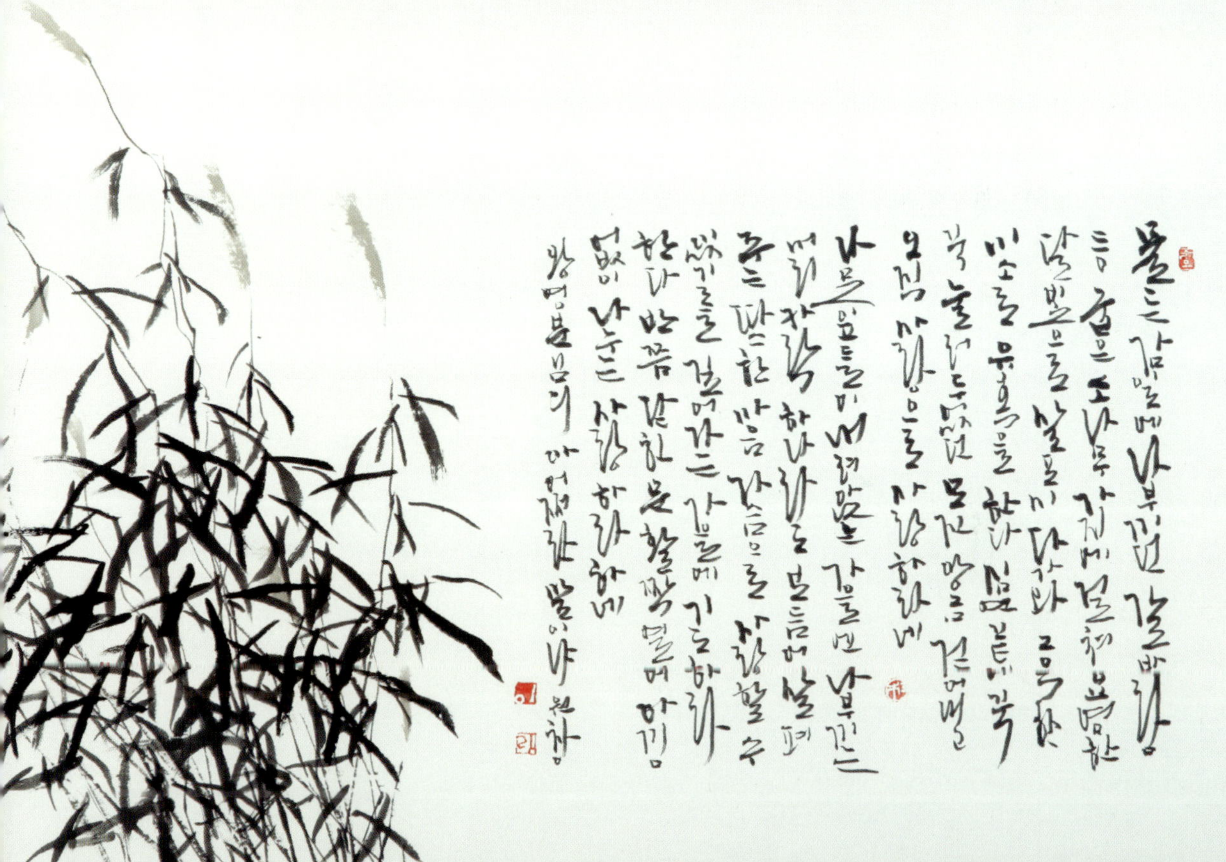

by Lee Ju Reem | 아! 어쩌란 말이냐 62×42

>>>

안개꽃 연가

유향순

함지박 안개풀꽃
아낙네 가슴을 담아
눈송이 다발다발
무더위 식혀주네
이 길손
은전 몇 닢에
설경 한 폭 얻었네

청자병 물을 담아
식탁 위에 올려놓고
한 송이 붉은 장미
사이사이 심었더니
해님이
창문을 열고
함박웃음 웃어라

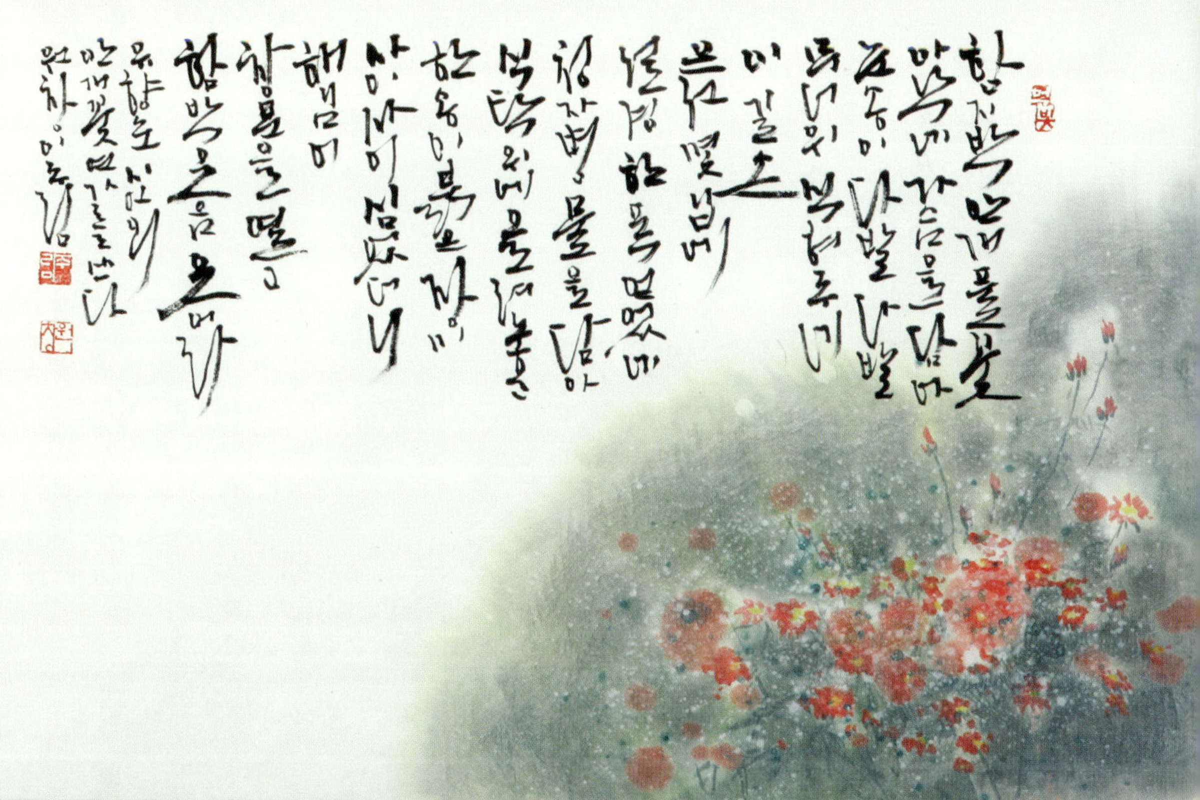

by Lee Ju Reem | 안개꽃 연가 55×36

>>>

이팝나무 꽃
— 울 엄니

윤갑수

우리 엄니
쌀밥 지으셨나!
쪽 찐 머리에
순백의 꽃이
피었네
아들 위해 지으신
쌀밥처럼
기다리는
엄니의 눈가에도
하얗게 내려앉아
세월의 꽃
흰 꽃이 피었네

by Lee Ju Reem | 이팝나무 꽃 66×26

>>>

가을 텃밭에

윤예주

한낮
통통 튀는 햇볕이 텃밭에 쏟아진다
튀는 볕에 빨간 고추가 알몸을 태우고
풋콩들도 톡톡 튈 곳을 곁눈질하고 있다
지나던 가을바람이
초록 배춧잎을 툭툭 치며
갈 길을 재촉하고
두리번거리던 풀무치도
텃밭에 내려앉은 저녁노을에 취해
그만 눈부신 속 날개를 펴
하루의 그네를 탄다.

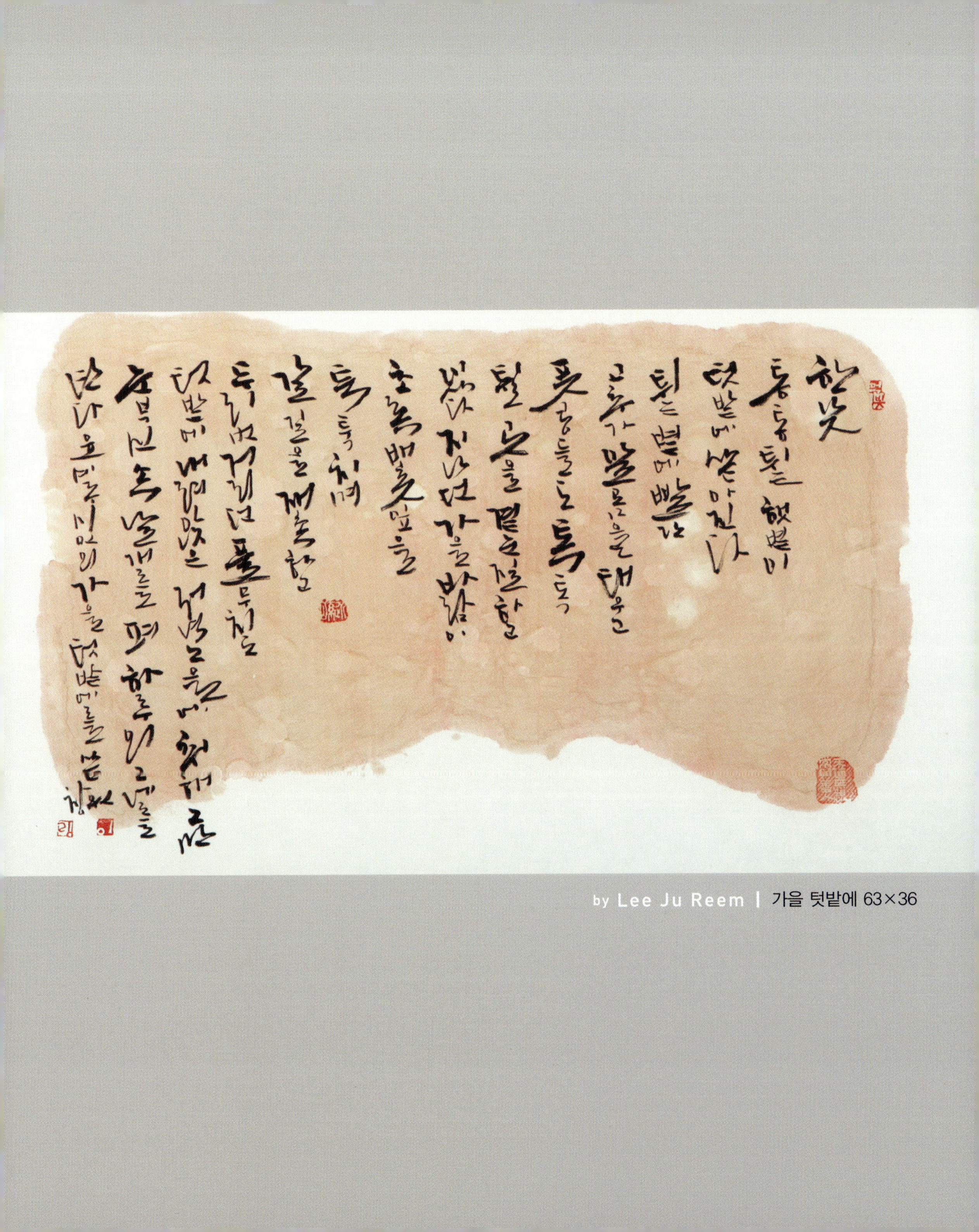

by Lee Ju Reem | 가을 텃밭에 63×36

>>>

국화차

윤제철

정성스런 국화꽃
가을에 향을 뽐내더니
이듬해 봄 한 컵에 세 송이
혀끝에 그윽한 맛 담는다

말랐던 지난 기억들을
뜨거운 물에 우려내
그날을 다시 사는 듯
가슴을 열어 찾는다

지나간 날들이
소중하고 길다 한들
앞으로 살아갈 날밖에
관심이 없어도
잊지 않고 바라다보이는
찻잔 안에 눈이 뜬다

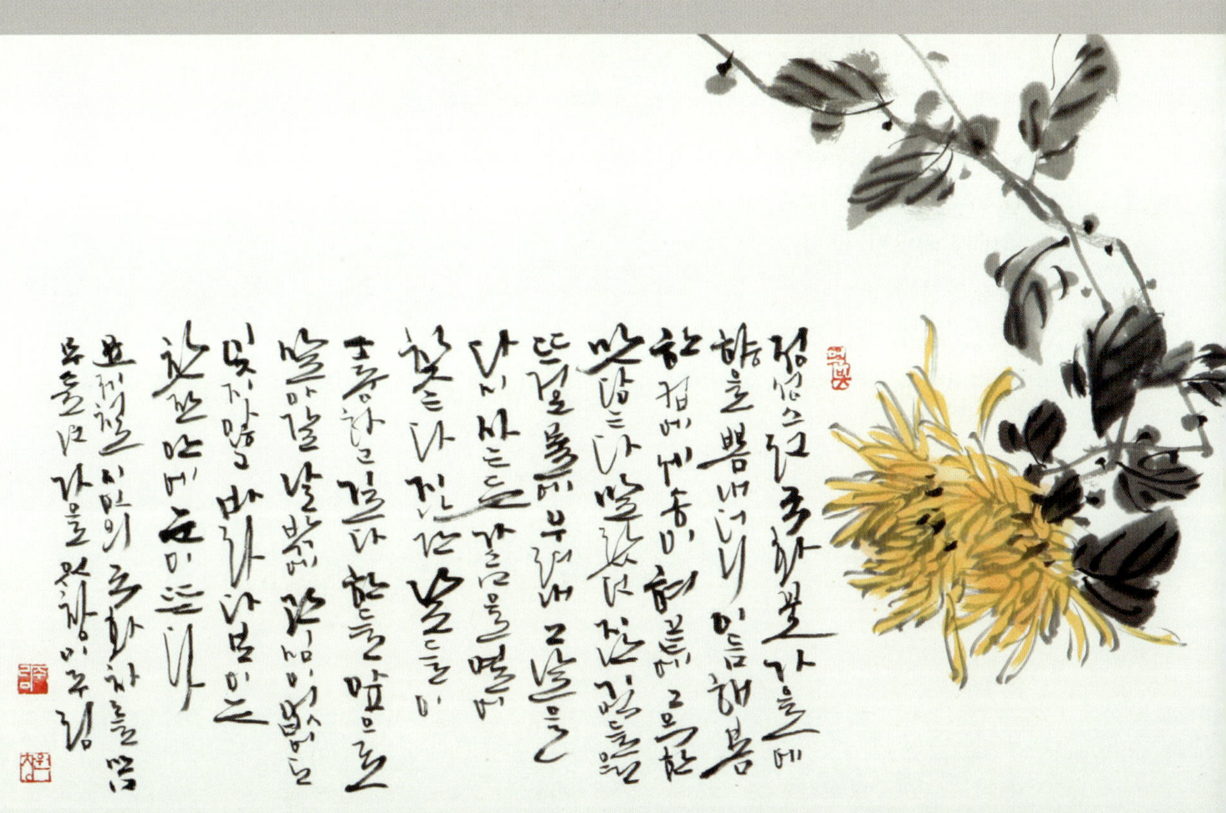

by Lee Ju Reem | 국화차 65×35

>>>

연필

이계옥

마음을 덜어내며
전하는 말
흔적을 그어 나가며
마음도 따라나선다
외발과 외발이
함께 길을 걷는
우리길 동무
우리,
길
동
무

by Lee Ju Reem | 연필 45×45

>>>

바늘귀

우보 이광희

한 올의 명주실을 꿴다
갈수록 좁아지는 문과
호롱불 아래 가물가물한 눈
침 바르고 몸 더듬어 보는데

제 살 필라멘트사가 올올 솟구쳐
사막을 지나던 낙타 등처럼 걸려
눈앞 세상도 감당 못 했지, 간혹
죽음의 뒷문에서 서성거리면서

명이 긴 명주실로 귀를 팠지
퉤퉤 침으로 지문 찍어 바르고
두 운명이 합궁의 눈길을 맞추면
콩알만 한 간 하나 툭 떨어지지

감감한 눈빛에 성에가 끼고
헛바람에 코 나간 솔기
야금야금 주름 먹여 허기를 채운
삼베적삼 그립던 외할매 풀무질
아슴푸레한 그 기억의 옷고름
나비가 되어 꿈속으로 날아가지.

by Lee Ju Reem | 바늘귀 65×39

>>>

달빛이 비치는 연못

거해 이문희

문득문득
가슴 설레는 사람

바라볼 수만 있다면
고맙고
설레는 사람

소중함 이란
의자에 앉자
바라볼 수만 있어도
고마운 사람

하늘 바람 불어
봄으로
돌아올 수 없는 사람이라면

달빛 내린 연못
고왔던
따뜻한 사랑도

달빛 비치는 연못에 잠겨
일일삼추(一日三秋)
그대 사랑[愛]
눈물 되어 가네

by Lee Ju Reem | 달빛이 비치는 연못 46×40

운무

이미영

산자락 휘감도는 고요한 구름
마음의 화폭에 담으니
누에고치에서 명주실 뽑듯
지친 마음 섬섬옥수 어루만지네
초록 능선에 노니는 안개
비단으로 짜이고
목욕한 청산은
홀연히 일어서누나.

by **Lee Ju Reem** | 운무 65×42

>>>

단풍놀이 떠난 그대 기다리며

이병준

단풍 빛 고운 색깔에
그대 곱게 물들어 돌아오면
난 그대 옆에 살포시 누워
그대로부터 빠알갛게 물들어
함께 물든 고운 마음 되고 싶어라.
그대 돌아오는 길에
이 세상에서 가장 서럽게 낙하한
낙엽 한 잎 가슴에 품어 돌아오면
당신과 나만의 애틋한 기억
천년의 약속으로 새겨
우리 서로의 가슴속에
전설처럼 머물게 하고 싶어라.
님아!
고운 모습 그대로 돌아오소서.

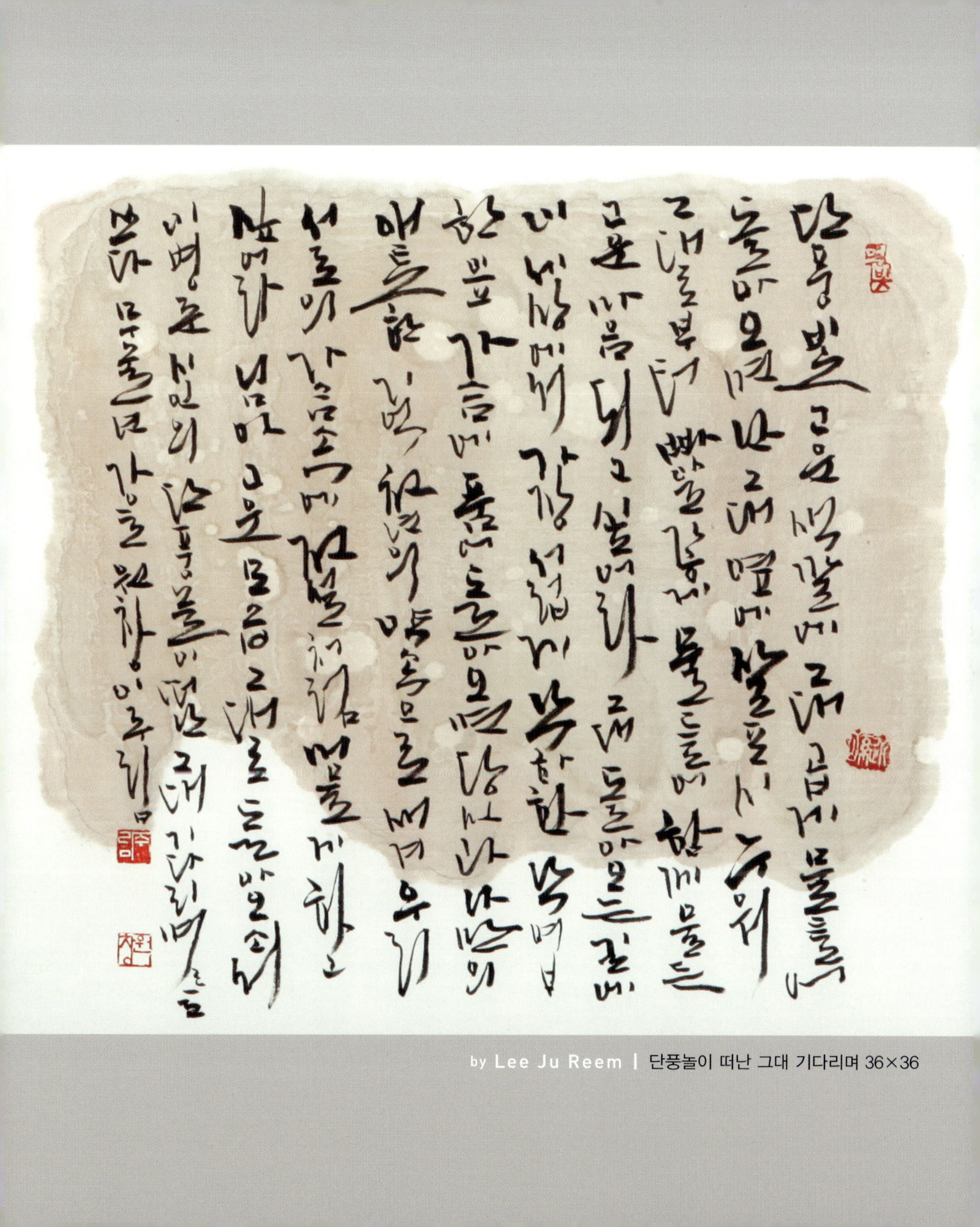

by **Lee Ju Reem** | 단풍놀이 떠난 그대 기다리며 36×36

>>>

동강할미꽃

이수옥

산기슭 절벽 바위틈
그리움으로 내려다보는 동강할미꽃

푸른 동강 물줄기 강나루
기다림에 길들여진 빈 나룻배 봄 햇살 내려와
빈자리 채우니 지나가는 바람마다
심심하지 않게 흔들어 주네

너무 푸르러 가슴 저리는가
정겨운 할미꽃 그리운 할미꽃
봄볕 온기에 자줏빛 꽃잎 열고 방실방실
슬픈 추억의 꽃

봄이면 동강은 더 깊고 푸르러질 때
영월과 평창 정선에서 동강할미꽃을 만날 수 있다
허리 반듯하게 펴고 강원도 동강을 고집하는 동강할미꽃

by Lee Ju Reem | 동강할미꽃 63×44

>>>

낯익은 바람 냄새

이순옥

버들가지 거친 숨소리
다소곳이 눈뜰 때
물오른 가지마다 연둣빛 잎을 틔운다

마른 갈대 서걱이는 강가
끝없는 물비늘은
바람 한 점 쉬어가는 역이 되었다

휴일이라는 이름에 상춘객
오색으로 풍경을 만들고

빨갛게 상기된 아이의 볼에 상큼이 앉아
여자도 되고 남자도 되고 노인도 되어
마음까지 희롱한다

by **Lee Ju Reem** | 낯익은 바람 냄새 64×42.5

>>>

여름을 위하여

이애경

여름을 위하여
산기슭마다 들판마다
햇살 한 줄기가 꽃을 피워낸다
큰 것이 아니라
작은 것을 위해
여름 초록 이파리가
채색을 하고 있다
그래서
야생화는 찔레꽃은 솔향은
바람이 일 때마다 가지를 흔들고
온 산이 들판이
진초록으로 진하기를 더 한다
이슬
조용히 있어 봐
시끄러우면 안 되니까
연잎이 세수하는 시간까지
꽃잎이 화장하는 그 시간까지
저기 한번 살펴봐
깨끗해진 연잎에 구슬이 맺혔어
연못에 하늘도 내려와
얼굴 비춰 보려고 해
어머,
어느새 사라졌네
내려온 하늘이 얼굴 비추기 전에
밝은 햇살이 어디에다 숨겼을까

by **Lee Ju Reem** | 여름을 위하여 46×43

그대여

이양섭

그대 머무는 세상에
나도 함께 살아간다면
얼마나 행복할까
욕심부리며
소원하고 기도해도
소용없는 일이에요
그리운 마음으로 뛰어간들
마음엔 상처만 남네

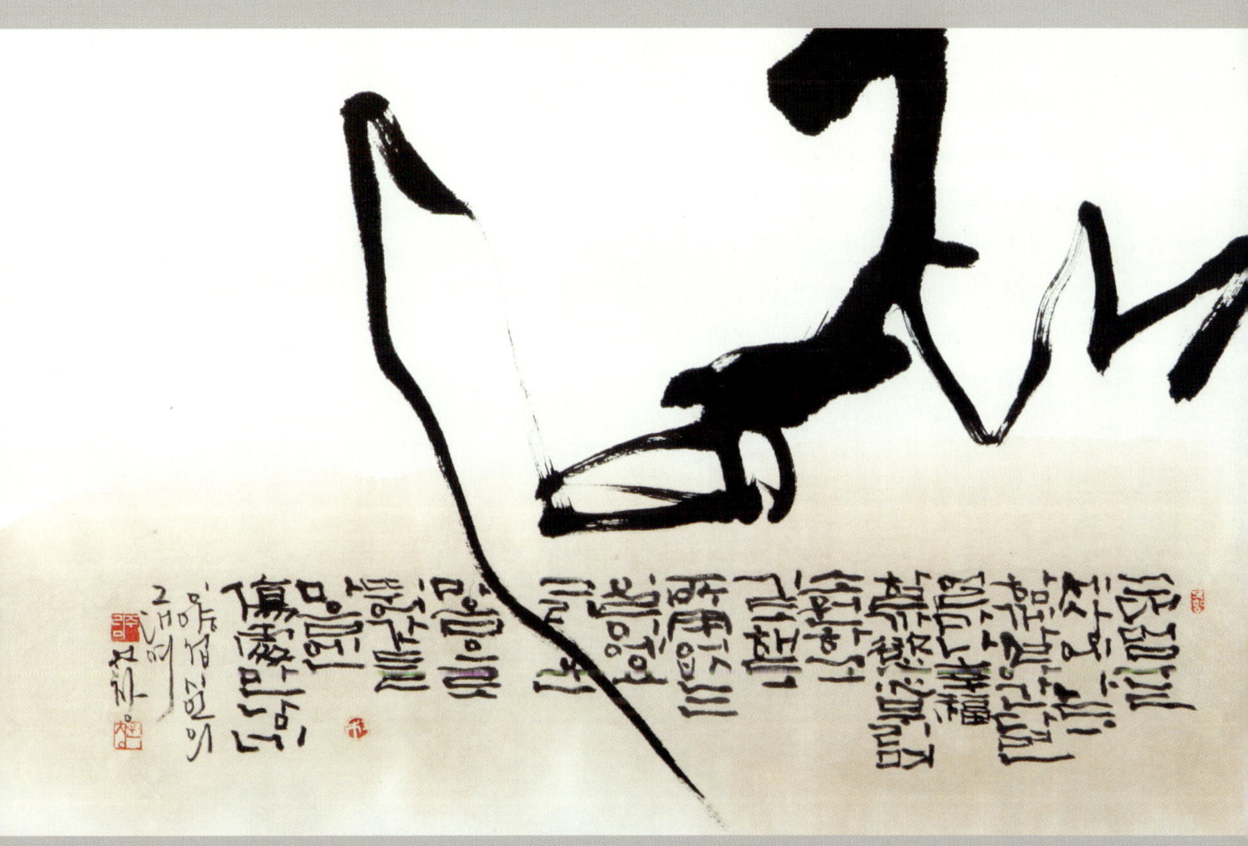

by **Lee Ju Reem** | 그대여 58×38

>>>

한지에 그린 인생

이원구

한 장의 백지 위에 세월이 타고 간다
떨어져 스며들고 아프게 번져가고
인생은 종이 한 장에 물이 되어 돌아간다
때로는 아픔으로 세상을 품으면서
어느 땐 사랑 되어 천하를 그리면서
각자의 영토 위에서 내 세상을 빚어낸다
끝없는 아픔 없고 영원한 행복 없듯
번지고 스며들어 또다시 꽃피운 생
새하얀 한지 위에서 꿈 그리며 살았으면

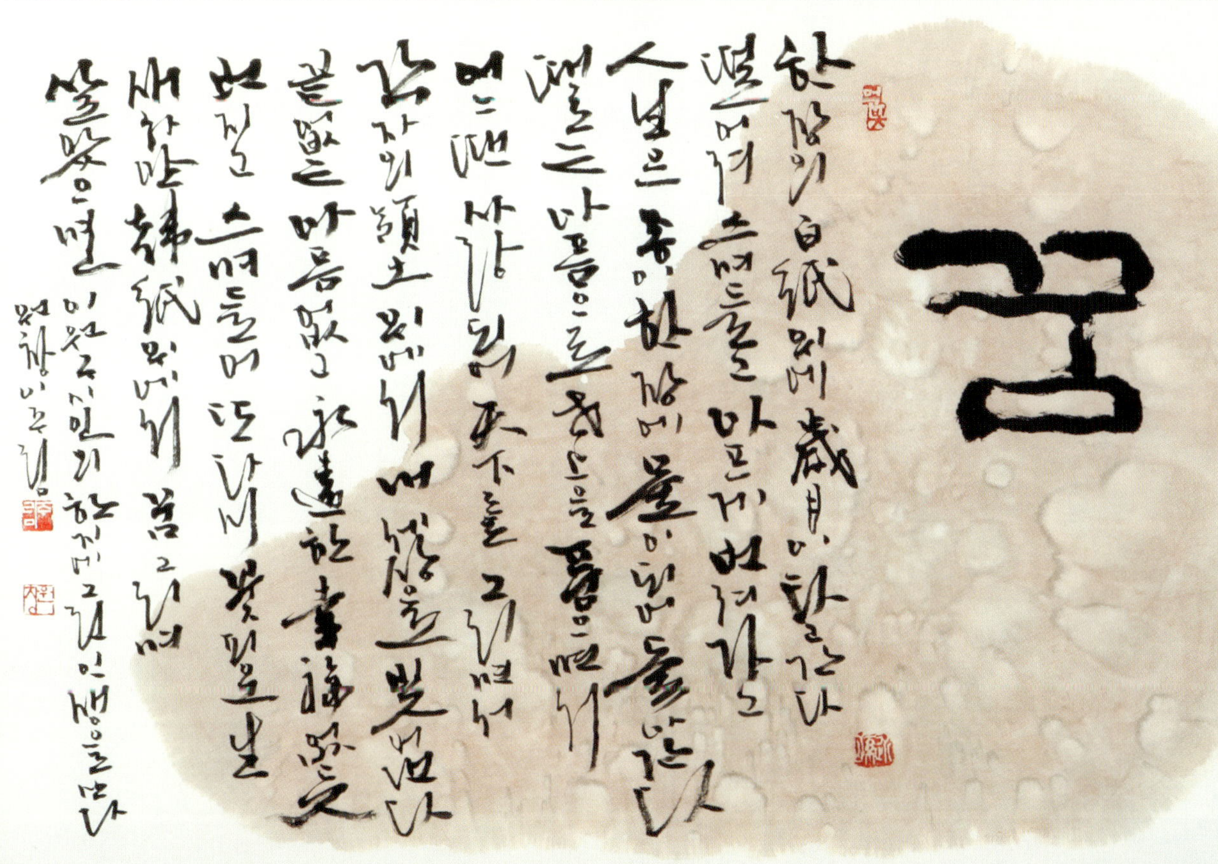

by **Lee Ju Reem** | 한지에 그린 인생 54×39

해바라기 삶

이원술

그대만을 따랐습니다
한여름 뜨겁게 사랑했습니다
바람이 내 삶을 흔들어도
긴 목 세우고 일편단심입니다
고개가 숙여질 때
사랑앓이로 까만 눈 빼곡히 박히였습니다
한여름 뜨겁다 안 하니
뙤약볕은 목덜미를 조르고
비바람이 노랑머리 끄덩일 흔들어도
한 가닥 목 줄기 하나 믿고 꿋꿋이 버티였습니다
그대만을 생각하며
그대 따라 석양 길 오고 가며
가을 문턱에서
한여름 품에 안고 안아 주렵니다

by **Lee Ju Reem** | 해바라기 삶 45×55

>>>

가을 북한강에서

다정 이인애

눈부신 가을하늘에 연정을 품은 듯
청초한 북한강 물빛은 시리게 푸르다
가고픈 의지대로 잔잔하게 흐르는 물
하늘에 구름도 잠시 강물에 뛰어들어
멱을 감고 강 저편에서 울려 퍼져오는
수상스키 타는 연인들의 즐거운 탄성
바람과 갈대도 자유로이 춤추는 강가
시인은 흥에 취해 흐르는 강물 위에서
상상의 나래 펼치며 한가로이 노닐고
물새도 쉬엄쉬엄 쉬어가는 저 북한강

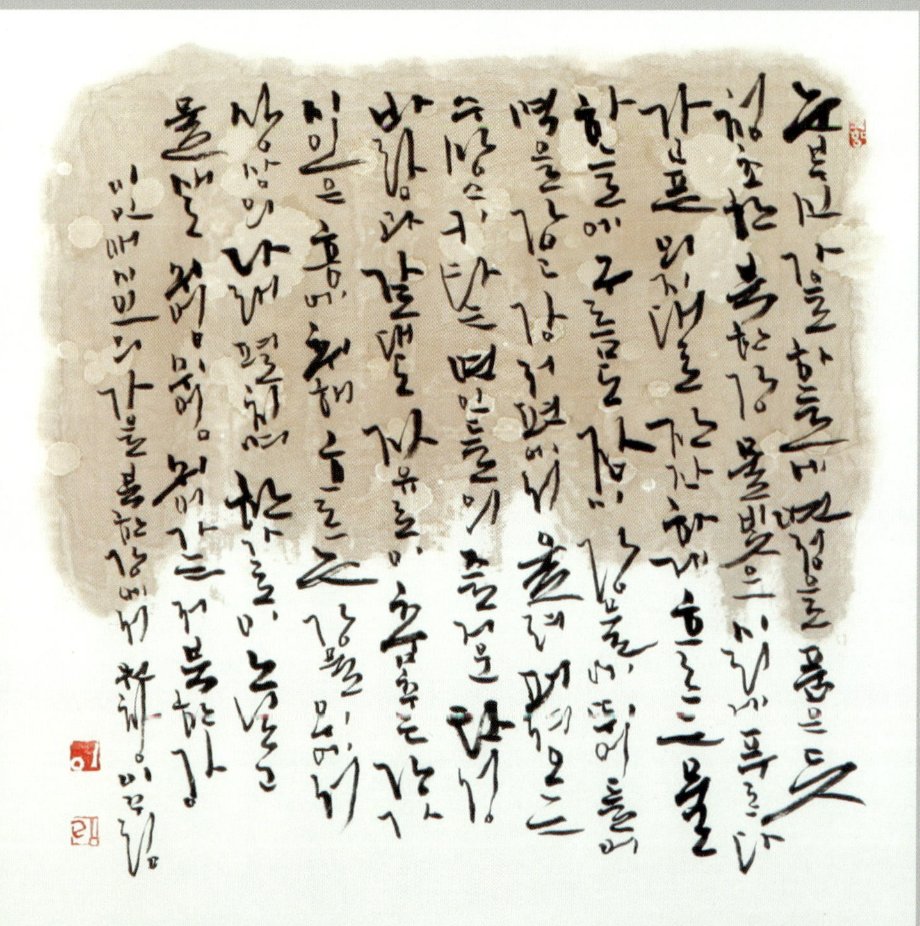

by **Lee Ju Reem** | 가을 북한강에서 35×35

>>>

그리운 운명
— 원동역 매화

이자영

낙동강 좁다란 강둑, 봄은
가장 먼저 원동역에서 내린다
멀리 산마루엔 잔설이 버티고 있지만
언제 매화가 서리와 눈을 두려워했던가
세속을 떨쳐 버린 채
시간을 견디면서 단단해진 종아리와
차갑게 말라서 거칠어진 손
그러나 그녀는 그리운 운명이다
넘치지도 모자라지도 않는
봄 그늘 같은 그리움
기차 꼬리가 사라질 때쯤
낙동강 물결이 사무치게 떨려 오는

by Lee Ju Reem | 그리운 운명 64×36

연꽃

이정화

넓은 잎새 하늘을 떠받치고 피어나
봉긋한 꽃망울 단아한 미소

선한 꽃이여
진흙에 물들이지 아니한 자비로움
청초한 절세미인 자애로운 미소

서동과 선화의 사랑 안은 연꽃이여
백마강 화평 성대 꿈이었나 하여라.

by Lee Ju Reem | 연꽃 65×40

>>>

진달래꽃

曠野 이종관

한파 시린 찬바람
산등성에 이르면
바윗돌 감아 도는
분홍빛 여울목!

대지는 따스하게
햇볕 내리고
꽃샘추위 움츠리며
피어나는 꽃

치맛자락
살랑거리며
임을 찾아
이 산 저 산

봄바람 따라
사르르 번져가는
수줍은 너의 미소에
구름도 넋을 잃는다.

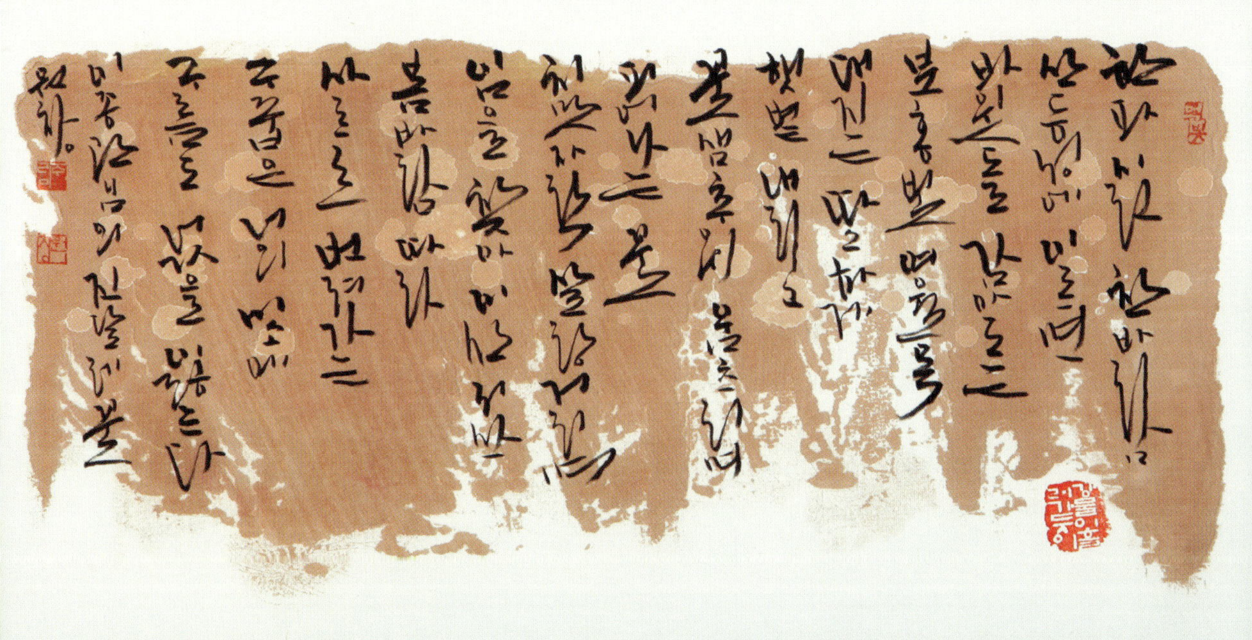

by **Lee Ju Reem** | 진달래꽃 63×32

풀잎 스친 바람에도 행복하라

이채

정직하면 손해 보고
착하면 무시당하는 것이
세상인심이 아니던가
그럼에도 정직하라

뿌린다고 다 열매가 아니듯
열심히 산다고
반드시 잘 사는 것도 아닐 테니
이 또한 세상살이가 아니던가
그럼에도 감사하라

사랑은 흔해도 진실은 드물고
사람은 많아도 가슴이 없을 때
산다는 건 얼마나 고독한 일인가
그럼에도 사랑하라

살아온 날은 고단하고
살아갈 날은 아득해도
사람아, 그럼에도 사람아
풀잎 스친 바람에도 행복하라.

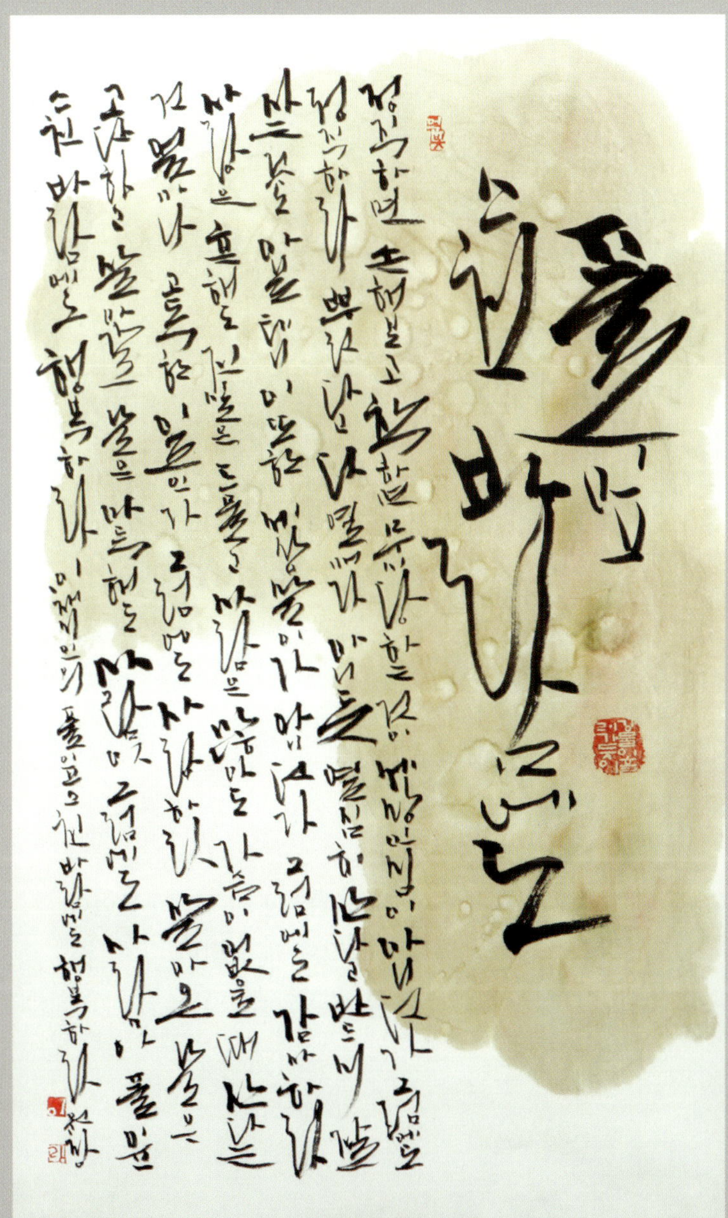

by Lee Ju Reem | 풀잎 스친 바람에도 행복하라 39×69

바람처럼 구름처럼

원촌 이휴재

나는 그대 곁 스쳐 지나가는
한줄기 꽃바람 실바람이고
파란 하늘 두둥실 떠 흐르다
사라지는 한 점 구름이다.

매서운 칼바람 고추바람도 아니고
그대 쓸쓸한 외로움에 갇히는 소슬바람 더 아닌
나는 그대에게 한줄기 꽃바람 실바람이다.

봄을 피우는 봉오리 조심스레 스쳐 가는
흔들리는 실버들 가지에도 미안해하는
지나가는 한줄기 꽃바람 실바람이고

천둥 번개 감추고 찌푸린 얼굴 소낙비구름 아닌
넓은 바다 유유히 흘러가는 한 점 뭉게구름이다.
하늘 바다 한가로이 노닐다 때가 되면
살며시 사위어지는 한 점 흰 구름이다.

by Lee Ju Reem | 바람처럼 구름처럼 63×42

>>>

산사(山寺)의 아침

鹿堂 장만호

하루를 여는 새벽 염불 소리
내 마음
하얗게 모두 비워낸다
산문을 열면
숲속의 나무들이
줄지어 들어오고
눈길 쌓인 아래로
누가 다녀갔나
희미한 발자국 자리
기다리는 마음
급하기도 하여라
나도 어느새
산문 밖을 나선다
저 발자국 따라
흔적 하나 남기며
떠나고 싶다

by **Lee Ju Reem** | 산사(山寺)의 아침 64×38

>>>

열정의 아침

清雨 장선호

꿈으로
소망으로 물든 새벽녘
지친 몸을
뒤척이며 기나긴 시간

온몸을 돌고 돌아
흐르는 삶에
고단함도 어느새 기지개 켜고
숨 막히는
인생길에 목을 축인다

오늘도 뛰는 가슴
하늘 가득히
꿈꾸던 희망의 불을 댕기면
거침없이 열리는
열정의 아침

by Lee Ju Reem | 열정의 아침 65×30

낙화

瑞河 정은숙

꽃잎 지는 이유를
누가 헤아리랴

붉은 울음 머금고
송이송이 떨어져

지나간 옛이야기에
몸을 뉜다

바람은 엎드린 채
숨을 삼키고

눈부셨던 한때를
기억해주나

피고 지는
세월의 약속 앞에

사랑이 지고 있다
목숨이 지고 있다

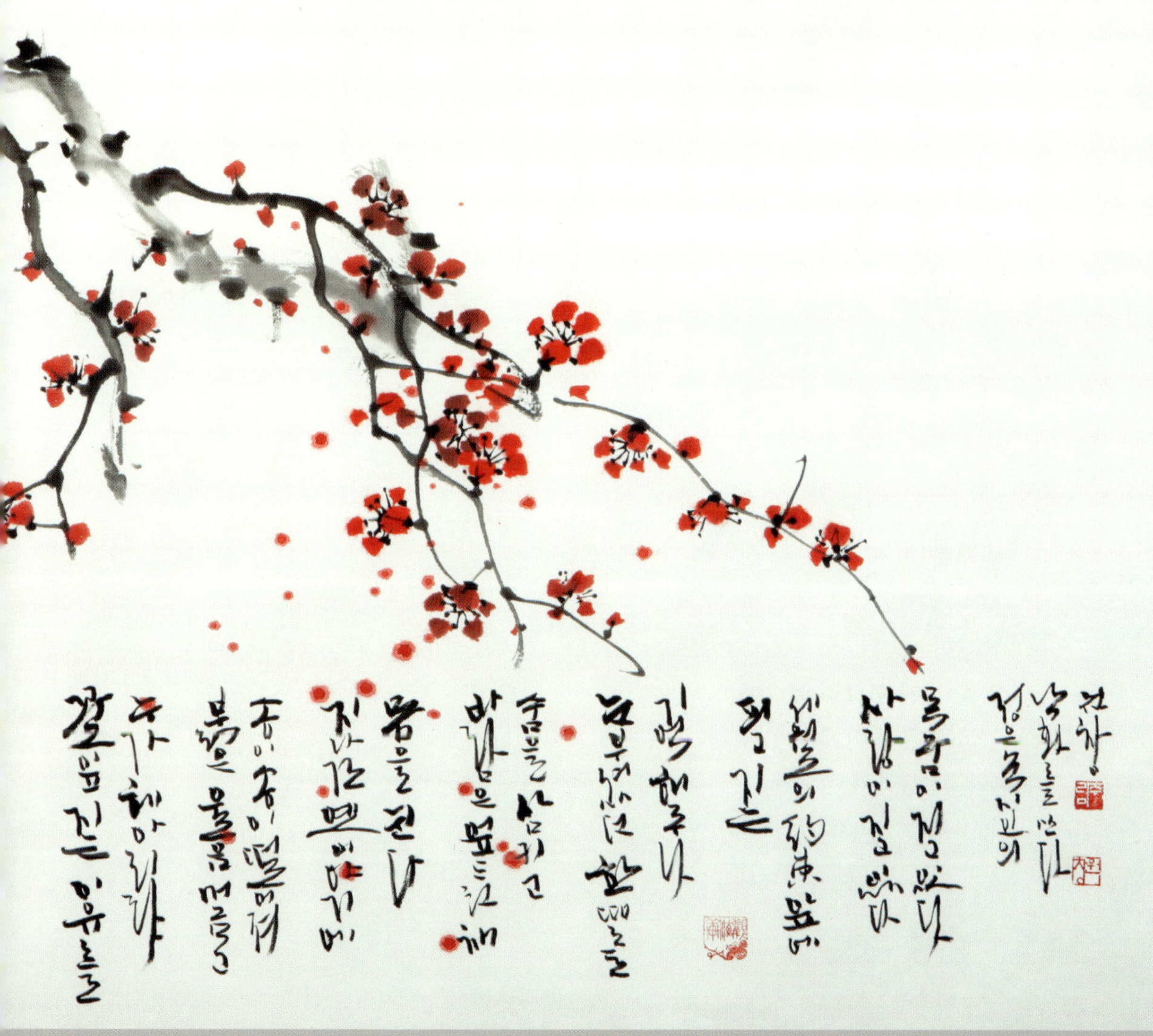

by Lee Ju Reem | 낙화 54.5×48

선재길에서

조영웅

1.
바람 소리 잡으려다
놓치는 순간
내 몸속으로
툭,
상수리나무 노란 잎이
떨어졌다

2.
나무의
나이테 속으로 걸어 들어가
오두막처럼
몸을 작게 웅크려 앉힌다
깊고 푸른 바다에 몸이 잠긴다
나무의 생각이
들꽃처럼 깊어졌다

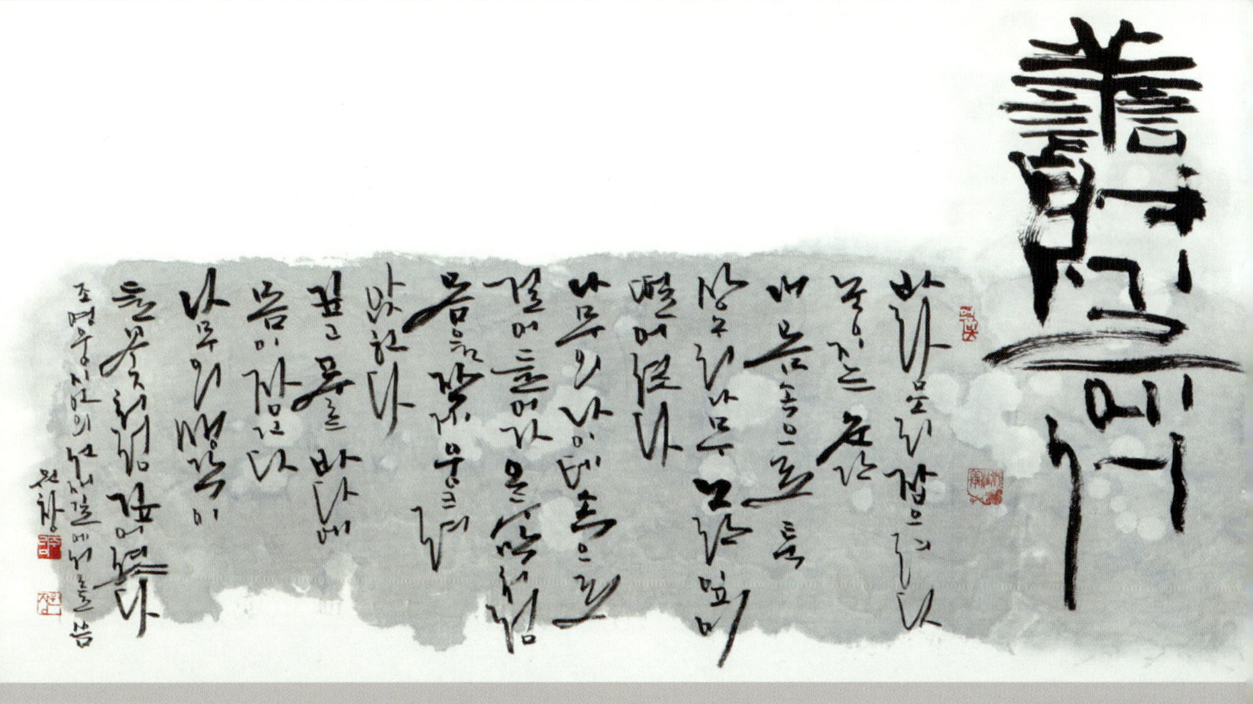

by Lee Ju Reem | 선재길에서 69×37

간절한 시

조희길

국토에 누워
국토 밖에서 잠든다

by **Lee Ju Reem** | 간절한 시 40×22

새싹처럼

차경녀

죽었는지
살았는지
들판은 눈 조각처럼 듬성하다
보이는 것만을 보았던 탓에
녹아 버린 꿈들은
그물망으로 쑤욱
오늘도
어제도
요동치는 시퍼런 칼
삼월에
착시처럼 일어나는 무지개
잠시 눈발에 묻혔지만
한겨울 굳은 땅도
드센 소걸음으로 치솟는
새싹처럼
갈무리 당하고 싶다

폭우
볼 비비며 통곡하는 너야
메말라 가는 오아시스의 위기가
통하였는가
누구의 목마름으로 너는 오느냐
나와 너의 가슴을 삽질하며
진한 물이 흐른다
검푸른 멍으로 꼽히는 너야
배꽃 얼굴로 네가 오며
뒤따라오던 임의 웃음 부러진다.

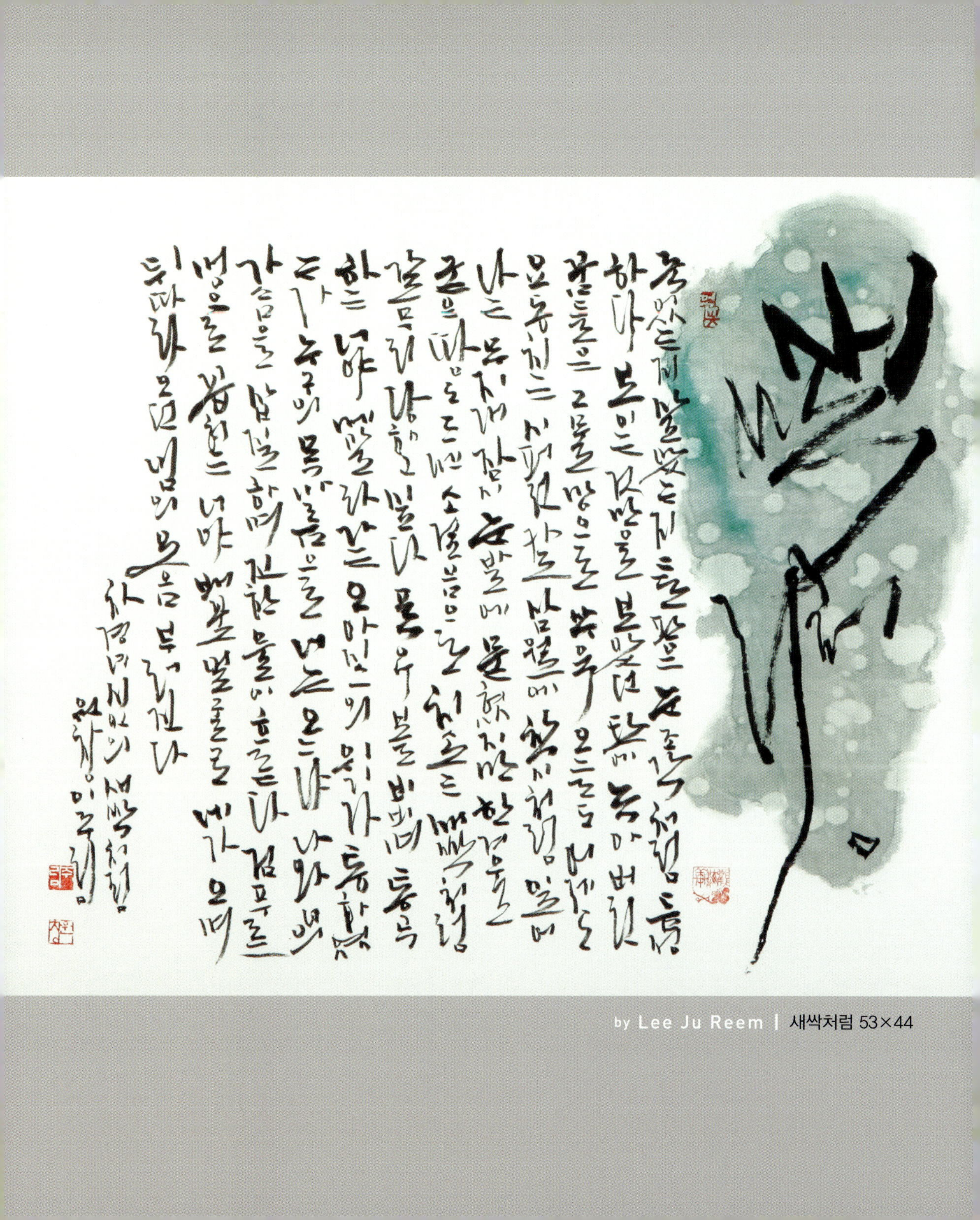

by Lee Ju Reem | 새싹처럼 53×44

>>>

간절곶에서

천병태

우체통을 보면 편지가 쓰고 싶어진다
아직도 다하지 못한 이야기들을 불러내어
밤새 뒤척이며
편지를 쓰고 싶어진다
너무나 소중하였으므로
가슴에서 차마 꺼내지 못한 말들을
간절히
간절히 새겨
파도 위에 떠 있는 우체통에 놓아두고 싶어진다
수취인도 없는
긴 편지를 쓰고 싶어진다

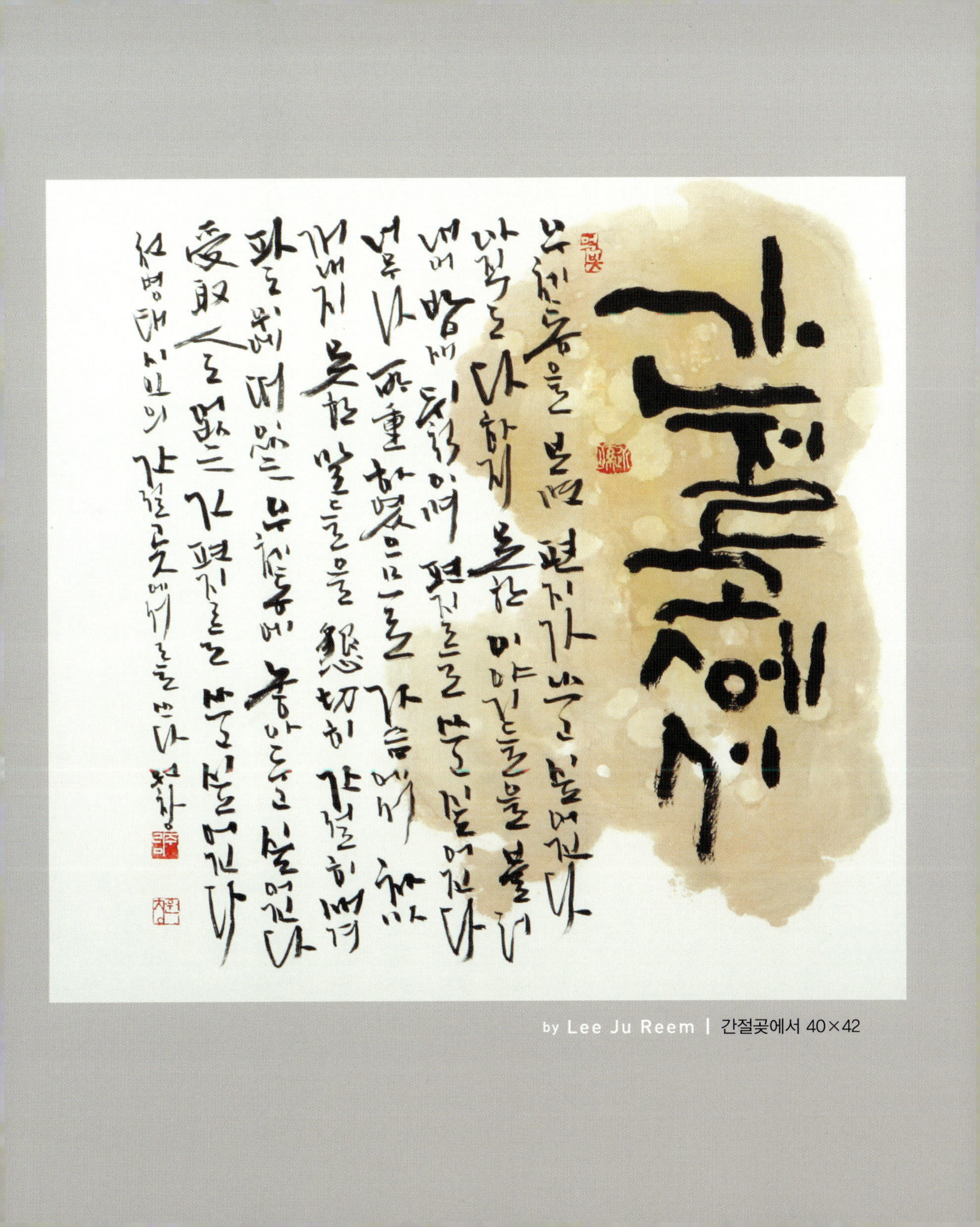

간절곶에서

by Lee Ju Reem | 간절곶에서 40×42

맨드라미

최병영

격렬히 타올랐다
처절히 절규했다

선홍빛으로 타드는 애증의 불덩이
너무도 뜨겁고 고통스러워

새벽이슬에 화관 씻고
저녁 바람에 열꽃 식히지만

화염처럼 일렁이는 연모의 진액
심장에서 펄펄 들끓어

오늘도
미친 듯 풀밭 뛰어다니며
울컥울컥
새빨간 핏덩이 각혈한다.

by Lee Ju Reem | 맨드라미 55×40

땡볕

최정호

와글대던 개여울 입 다물고
우거진 잡풀 새끼줄 꼬는데
말라붙은 강바닥 오솔길 되었고
바람난 장맛비 속옷 벗어 던진다

어쩌다 한 번 쥐어짜는 실 빗줄기
꽃피는 콩밭은 단풍이 들어서
가을걷이 타작마당 갈퀴질 한다.

만삭된 구름 떼 원정출산 떠났나.
뻥 투기 천둥번개 빈조로 흔들고
물오른 구름 떼 날개를 단다.

더위에 못 견뎌 알몸 된 태양
열 받아 온종일 성깔 부리고
팬티 하나 걸친 쪽박 된 대아저수지
물바가지 들고 도적 떼 꼬인다

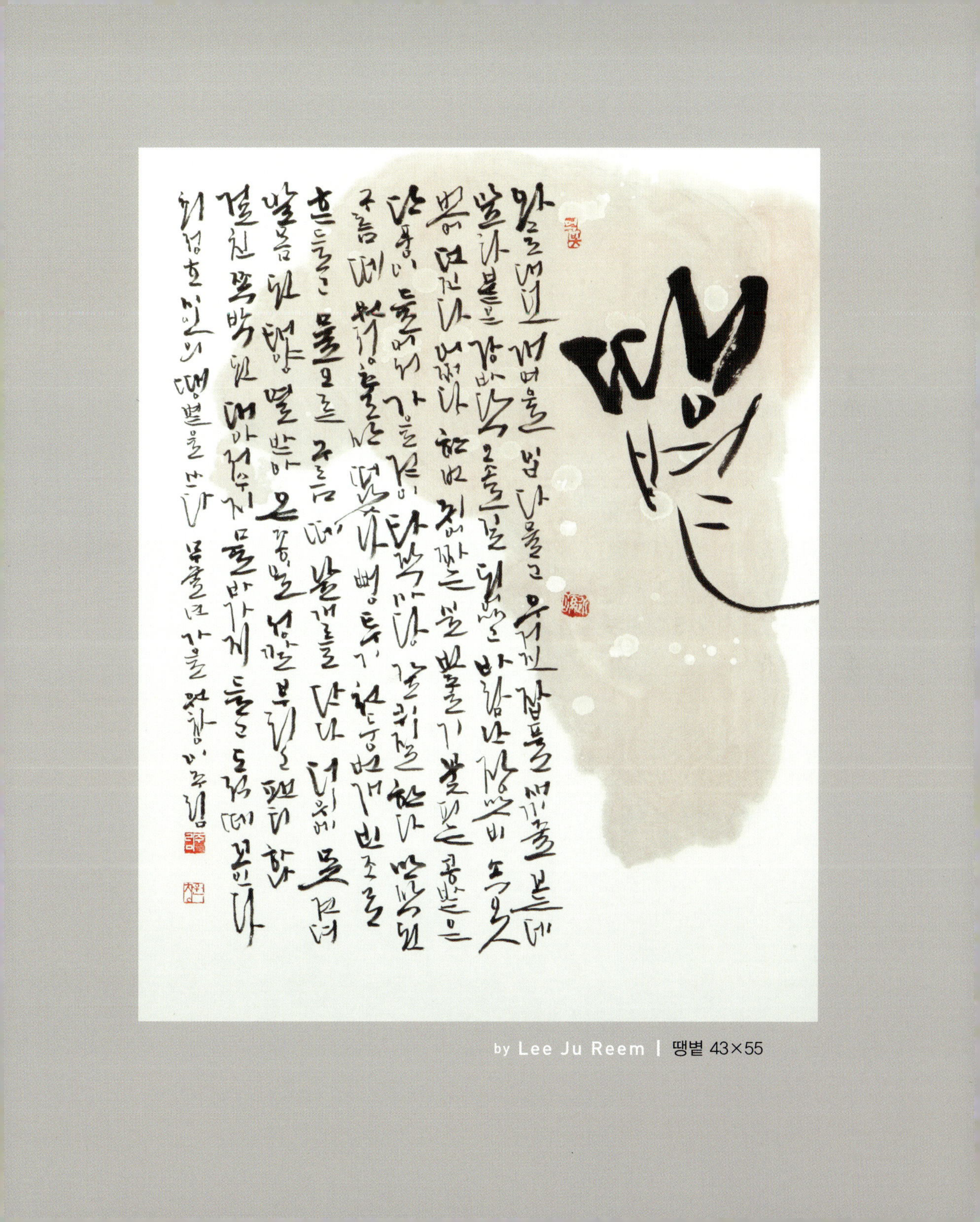

by Lee Ju Reem | 땡볕 43×55

달빛

최현갑

솔숲 보름달은 낮잠에서 깨어나
핏기없는 얼굴로
궁노루 따라 강바닥에 드리워
목마름에 물을 핥아 먹고
작은 별들을 지워버린다
눈딱부리별들 만이 남아
용소에 잠겨 몸을 씻는다
나는 두레박으로 달을 퍼 올려 달을 마셨고
달빛은 초가삼간 지붕을 하얗게 다 태우고
창문에 드리워 불 밝혀 놓고
임인 양
얌통머리 없게 돗자리 깔고
알몸으로 길게 드리 누워
나와 동침을 한다

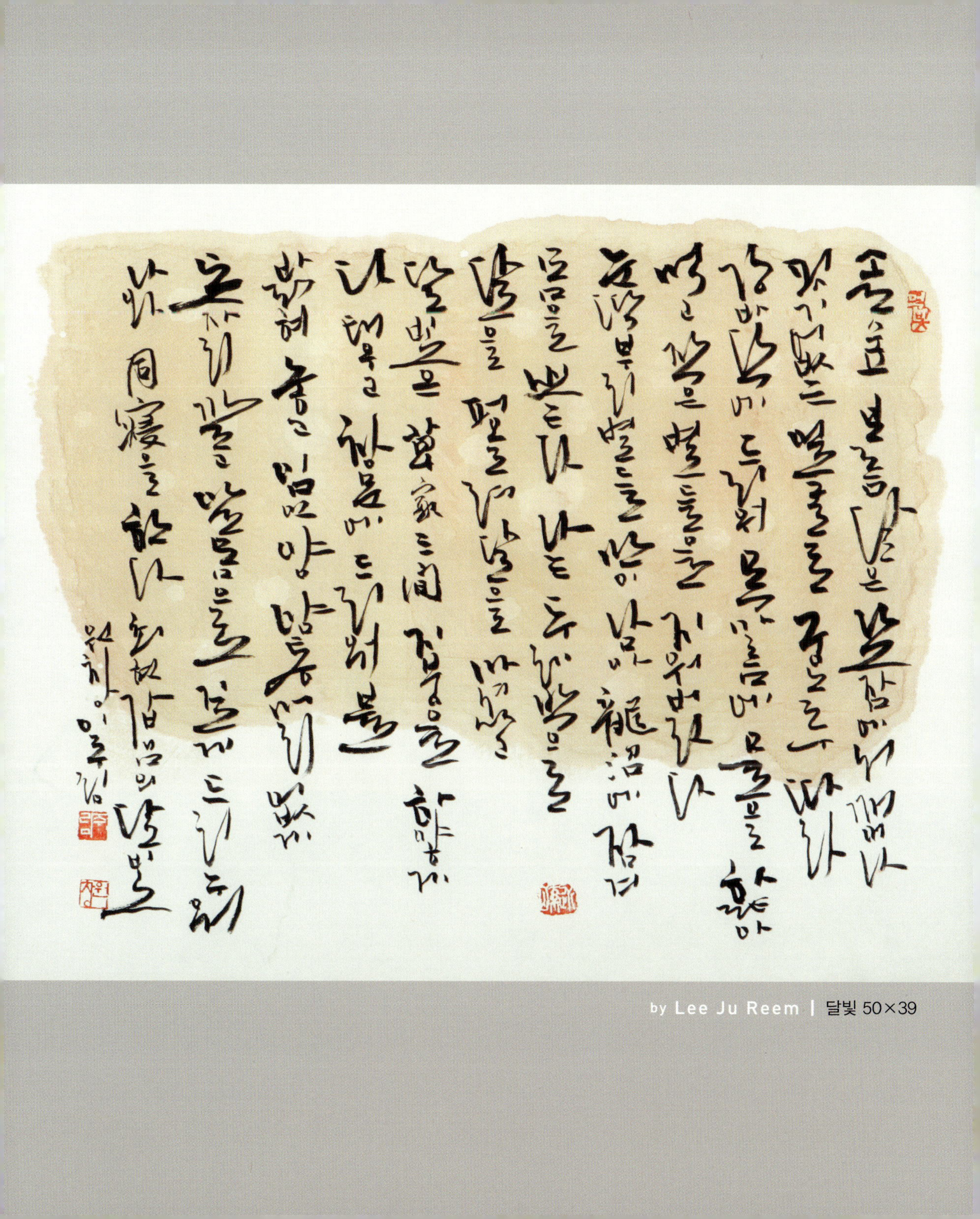

by Lee Ju Reem | 달빛 50×39

원창 이주림

누구도 범접하지 못할 예술적인 끼와 감성 그리고 해박한 인문학적 사고와 깊은 예지력의 걸출한 예술가인 원창 이주림은 69년 전남 해남에서 태어났다.

특별전 4회 연속 완판 흥행을 이끌어 냈으며 24세 관인 서화연구소 설립과 29세 첫 개인전과 35세 전국 공모전 심사위원으로 위촉되었으며, 지금까지 30여 회에 이르는 국내 특별전과 세계 각국에서 대형 단독 전시 및 퍼포먼스를 개최하였다.

국내 예술가로서는 보기 드물게 대형기획사와 에이전시 계약을 하였고 앞으로도 미국을 비롯한 유럽 전역과 아시아 특히, 중국과 일본 홍콩 마카오 두바이까지 전시 일정이 잡혀져 있다.

2018년 아시아 어워드에 한류미술공로상을 수상과 함께 세종대왕 즉위 600주년을 기념하는 한글 세계문화축제에 문화예술 부문 대상을 수상하였다.

원창 천재 예술가와 69인

강남호

호남대학교 무역학과 졸업
호남대학교 대학원 졸업 경영학 석사
전국 시인협회 회원

김강좌

한국베스트셀러작가상 수상
(사)창작문학예술인협의회 정회원
저서 『하늘, 꽃, 바다』 외 다수

김묘순

(사)한국문인협회 옥천지부장
(사)세계문인협회 부이사장
수필집 『햇살이 그려준 얼굴』 외 다수

김복희

크리스찬 문학상 수상
세계문학상 대상 수상
수필집 『장미빛 인생』 외 다수

김영희

수원시장상 수상
수원문인협회 정회원
『수원문학』 편집주간

강석진

네덜란드 트웬테대학 경영학 박사
(사)세계미술문화진흥협회 이사장
이화여자대학교 경영대학원 겸임교수

김경식

부천예술상 공로상
계간 『다시올문학』 주간
시집 『적막한 말』 외 다수

김보환

서울시청 부이사관 정년퇴임
제2회 한하운문학상 수상
산문집 『헤라』 외 다수

김성호

제12회 시세계문학상 수상
고양예술고등학교 시 창작 강사 역임
시집 『장승이 된 우체부』 외 다수

김재모

문학광장 문인협회 등단
서울특별시장 공로 표창
전국연합 송아리문학회 회장

김전

월간 『문학세계』 상임편집위원
현대시조문학상 수상
저서 『겨울분재』 외 다수

김정헌

제10회 문학세계문학상 수상
홍천문인협회 회장
시조집 『희망 하나 올려놓고』 외 다수

김천우

(사)세계문인협회 이사장
(주)천우미디어그룹 대표이사
월간 『문학세계』 계간 『시세계』 발행인

김화숙

중국 심양 출생
(사)세계문인협회 일본지회장
시집 『아름다운 착각』 외 다수

노희섭

법무부 법사랑위원
법무부 명예 보호관찰관
전국 시인협회 회원

문운경

월간 『문학세계』 등단
제11대 한국수의병리학회장
농림축산검역본부 동물보호과장

김점순

대한적십자사 봉사회 전국 자문위원
대한적십자사 봉사회 전국 경북지사 고문
경북종합자원봉사센터 이사

김종환

골든디스크 대상 수상
대통령상 수상
음반판매량 천 만장

김해용

다온문예 회원
우주문학 회원
시대읽기작가회 회원

김효태

(사)세계문인협회 이사
(사)한국문인협회 회원
월간 『문학세계』 편집위원

마대복

잘살기기념관 관장
은일여정보고 교장 퇴임
한국문학정신 종로문학 이사

박관희

충북 제천 출생
대중가요 작사가
학교법인 석정학원 이사장

박병구

구미시 고등학교장협의회 회장
선주고등학교장
(사)세계문인협회 정회원

박철언

변호사. 법학박사
정무장관 역임
한반도복지통일재단 이사장

박희덕

경북 김천 출생
문학세계문인회 정회원
시집 『민들레 바람꽃』 외 다수

산억수

제13회 문학세계문학상 수상
(사)세계문인협회 이사
시집 『바람공쟁이』 외 다수

손장순

계간 『시세계』 등단
시와달빛문학회 정회원
공저 『말[言]들이 수행하는 절간[寺]』 외 다수

신영철

제13회 문학세계문학상 수상
월간 『문학세계』 · 계간 『시세계』 운영위원
시집 『아침 해는 다시 웃더라』 외 다수

박영교

한국문인협회 이사
한국시조시인협회 수석부이사장
경북문인협회 회장

박현희

한국문인협회 회원
충남문인협회 회원
시집 『우리, 애인 같은 친구할래요』 외 다수

배상삼

제13회 문학세계문학상 수상
육군사관학교 교관 및 교수 역임
(사)세계문인협회 이사

석연경

『시와 문화』등단
연경인문문화예술연구소 소장
시집 『독수리의 날들』 외 다수

손주일

대구기계부품연구원
시집 『마음이 그린 은하수꽃
저서 『무사상 접근을 위한 이야기』 외 다수

안병호

지필문학 등단
중부매일 시 연재 중
시집 『인생 뭐있어』 외 다수

오무임

대한민국국무총리 표창
한국음악저작권협회 작사가
(사)세계문인협회 이사

오진숙

문학의 봄 작가회 회원
한국문인협회 회원
동인지 『분홍 나막신』 외 다수

유향순

전국예술대회 서울특별시시의회의장상 수상
영천문학회 감사 역임
경호고등학교 국어교사 역임

윤예주

한국시인협회 회원
화순문인협회 회장 역임
(사)세계문인협회 광주지부장

이계옥

한국청소년신문사 봉사 대상 수상
국민일보 효행상 수상
문학세계문인회 정회원

이문희

(사)한국문인 등단
(사)율곡문화예술원 감사
가교문학회 부회장

오연재

정보시스템 감리원
전남대학교 겸임 교수
순천대학교 외래교수

왕영분

다산문학 대상 수상
한국문인협회 회원
시집 『참나리 사계를 살다』 외 다수

윤갑수

제15회 문학세계문학상 수상
(사)세계문인협회 이사
시집 『바람길』 외 다수

윤제철

(사)세계문인협회 부이사장
광화문사랑방시낭송회 회장
한국현대시인협회 이사

이광희

월간 모던포엠 등단
시와 달빛 문학작가협회 회장
시집 『이광희의 아름다운 유혹』 외 다수

이미영

독서 · 논술지도사
동서 문학상 수상
저서 『마음을 꽃 피우다』 외 다수

이병준

제10회 문학세계문학상 수상
제12회 세계문학상 수상
저서 『내 마음 자리에 그대가 머물고』 외 다수

이순옥

국보문학 등단
부산 국보문학 회원
(사)한국국보 문인협회 정회원

이양섭

한국문학정신 등단
청하문학회 부회장
송아리문학회 감사

이원술

한국가곡작사가협회 정회원
청초예술마당 정회원
세계문인협회 정회원

이자영

문학박사
녹색시인상 수상 외 다수
시집 『꽃다발 아니고 다발꽃』 외 다수

이종관

경영학박사, 철학박사
연세대학교 경영대학원 초빙교수
시집 『그리움은 가슴마다』 외 다수

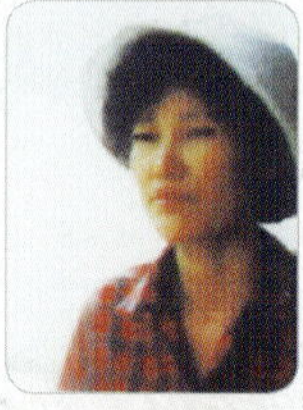

이수옥

(사)세계문인협회 정회원
U.S.A. Western 작가협회 초대작가
시집 『은빛 억새처럼』 외 다수

이애경

법무부 글로벌센타 강북지부 자문위원
다음 신지식 엑스퍼트
송아리 문학회 사무국장

이원구

(사)세계문인협회 이사
영남시조문학회 부회장
시집 『꺾이지 않는 대나무』 외 다수

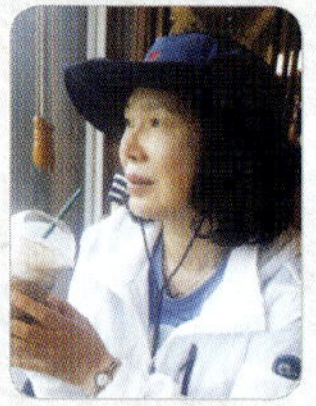

이인애

이화벽화마을 송아리 시화전
소록도 100주년 기념 시화전
송아리문학회 정회원

이정화

다온문화예술인협회 정회원
민요 은가비 회원
부여 서동연꽃축제 15회 시화전 참여

이채

동국대대학원 법학박사
조지훈문학상 대상 수상
시집 『중년의 당신 어디쯤 서있는가』 외 다수

이휴재

월간 『문학세계』 등단
휘경원 봉향회장 역임
수필집 『바람처럼 구름처럼』 외 다수

장선호

한국문인협회 정회원
한국베이비박스문인협회 대표
세진정공 대표

조영웅

한국문인협회평창 지부장
강원펜문학번역작품상 수상
시집 『꿈꾸는 편마암』 외 다수

차경녀

시낭송가
경기도 예술제 공로상 수상
해넷(주) 대표

최병영

서울 선유중학교 교장 역임
월간 『문학세계』 상임편집위원
시 · 수필집 『길에서 만난 풍경』 외 다수

최현갑

(사)유권자 연맹 이사
대구효목제일교회 장립집사
(주)엘엔씨주택건설 대표이사

장만호

시낭송가
월간 『문학세계』 · 계간 『시세계』 운영위원
(사)세계문인협회 이사

정은숙

제14회 독도문화제 문학대상 수상
문학세계문인회 정회원
공인노무사

조희길

경영학 박사
국가품질경영유공 대통령 표창
제13회 세계문학상 대상 수상

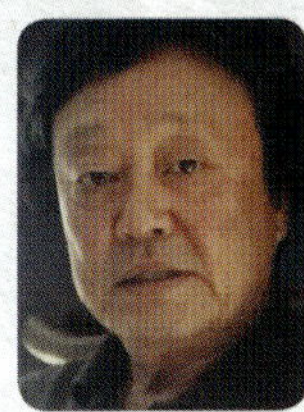

천병태

편운문학상 수상
전라남도문화상 수상
시집 『바다를 떠난 섬』 외 다수

최정호

제10회 세계문학상 수상
제13회 문학세계문학상 수상
시집 『노을꽃』, 수필집 『외딴 오두막』 외 다수

원창 천재 예술가와 69인

이주림 시서화집

인쇄 1판 1쇄 2018년 10월 26일
발행 1판 1쇄 2018년 11월 3일

지 은 이 : 이주림 외 69인
펴 낸 이 : 김천우
펴 낸 곳 : 도서출판 천우
등 록 : 1992. 2. 15. 제1-1307호
주 소 : 서울시 성동구 무학봉28길 6 금용빌딩 2F
전 화 : 02)2298-7661
팩 스 : 02)2298-7665
http://moonhak.wla.or.kr
E-mail : chunwo@hanmail.net

값 23,000원

• 원창 천재 예술가와 69인 시서화집은 원창문화예술연구소와
(사)세계문인협회가 공동 기획 · 제작하여 발간하였습니다.

ISBN 978-89-7954-736-8

이 도서의 국립중앙도서관 출판예정도서목록(CIP)은 서지정보유통지원시스템 홈페이지(http://seoji.nl.go.kr)와 국가자료공동목록시스템(http://www.nl.go.kr/kolisnet)에서 이용하실 수 있습니다. (CIP제어번호: CIP2018033088)